文化震撼之旅

意大利
ITALY

（英国）雷蒙德·弗拉沃　亚历山德罗·法拉希　著

王慧姑　译

北京·旅游教育出版社

北京市版权局著作权合同登记章图字：01-2013-8167
策　　划：丁海秀　李荣强
责任编辑：陈　志
图片提供：微图网、中国图库、壹图网

图书在版编目（CIP）数据

意大利 /（英）弗拉沃，（英）法拉希著；王慧姑译
. -- 北京：旅游教育出版社，2015.4
（文化震撼之旅）
ISBN 978-7-5637-3118-3

Ⅰ.①意… Ⅱ.①弗… ②法… ③王… Ⅲ.①旅游指南—意大利 Ⅳ.①K954.69

中国版本图书馆CIP数据核字（2015）第015466号

"Copyright © 2008 Marshall Cavendish International (Asia) Pte Ltd. All rights reserved. No part of this publication may be reproduced or transmitted in any form or by any means, or stored in any retrieval system of any nature without the prior written permission of Marshall Cavendish International (Asia) Pte Ltd."

文化震撼之旅

意大利

（英国）雷蒙德·弗拉沃 亚历山德罗·法拉希　著

王慧姑　译

出版单位：	旅游教育出版社
地　　址：	北京市朝阳区定福庄南里1号
邮　　编：	100024
发行电话：	（010）65778403　65728372
	65767462（传真）
本社网址：	www.tepcb.com
E‑mail：	tepfx@163.com
排版单位：	北京旅教文化传播有限公司
印刷单位：	北京嘉业印刷厂
经销单位：	新华书店
开　　本：	720毫米×1000毫米　1/16
印　　张：	15
字　　数：	194千字
版　　次：	2015年4月第1版
印　　次：	2015年4月第1次印刷
定　　价：	58.00元

（图书如有装订差错请与发行部联系）

感受 文化震撼

任何人一旦离开自己熟悉的舒适环境，骤然进入陌生的环境，就会感到迷失了方向，这种迷惑的状态就是文化震撼。"文化震撼之旅"是一套信息可靠的著名丛书。几十年来，一直都有助于移居国外或长期访问居留者减轻初到一个新国家（地区）所感到的文化震撼的冲击力。

这套丛书的作者都曾经在相关的国家（地区）生活过，并且亲身体验过文化震撼。他们和大家分享一切必要的信息，以便大家能更有效地解决种种迷惑。丛书的写作风格简单易懂，话题广泛，能够给读者足够多的忠告、提示与建议，以使他们能够重新尽可能正常地生活。

每册书结构一致。首先介绍不同的游客对某个城市或者国家（地区）的第一印象。要想了解一种文化，就必须首先了解其人民——他们来自何处，是什么身份，遵循什么价值观和传统，以及他们的风俗习惯和社交礼仪怎样？这些构成了书的前半部分。

接下来是各种实用的生活常识——告诉您如何最为舒适地定居下来。作者带领读者，先是了解如何寻找住处，如何把水、电、气、通信等各项设施开通，继而了解如何给孩子注册入学，以及如何保持健康生活。当然，还不仅这些。一旦解决了和基本生活有关的问题，就要出去尝试当地的饮食，享受更多的文化生活，并且到其他地区旅游。然后，在更深入地了解经济生活之前，还要透彻地掌握该国（地区）的语言。

在最后一章，作者先给出一些方方面面的基本信息，再测验读者对该国（地区）风俗习惯与社交礼节了解掌握的程度。为了方便读者，还列出了实用性的词汇与短语、综合全面的信息资源指南和查询更多信息的参考书目。

CONTENTS 目录

前言 ······ I

第一章
第一印象

抵达意大利 ······ 3
干练的移民局官员和海关关员是你抵达之后见到的第一批意大利人。

从机场到市中心 ······ 3
比萨国际机场离市中心只有 1 英里，而达·芬奇机场到罗马市中心有 18 英里。

膳宿 ······ 3
意大利有很多世界级的酒店，能提供顶级的食宿和服务，但待客方式却有些傲慢。

价格公道的酒店 ······ 4
档次稍低的意大利旅馆也是可以考虑入住的，因为它的服务并不比高档酒店逊色，而且价格公道。

早餐 ······ 5
同大多数地中海地区居民一样，意大利人并不喜欢吃早餐。

街上的人 ······ 6
毫无疑问，意大利人非常有品位。

就餐 ······ 6
传统的意式午餐和晚餐的菜式大都相同，一般包括头盘、意粉、主菜、奶酪、甜点或水果。

观光游览 ······ 8
佛罗伦萨的中心区禁止车辆通行，所以你只能走着去游览。

办公时间 ······ 10
意大利多数博物馆下午 2:00 就闭馆，一般地方的邮局、银行、政府机关也都像博物馆一样很早就下班。

目录 CONTENTS

文化观地之旅/意大利

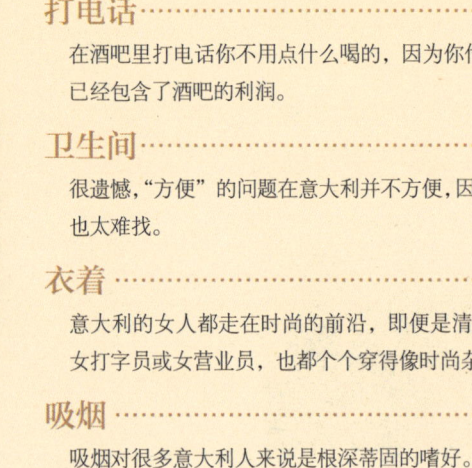

打电话 ················ 10
在酒吧里打电话你不用点什么喝的，因为你付的电话费里已经包含了酒吧的利润。

卫生间 ················ 11
很遗憾，"方便"的问题在意大利并不方便，因为厕所太少，也太难找。

衣着 ················ 12
意大利的女人都走在时尚的前沿，即便是清贫的女学生、女打字员或女营业员，也都个个穿得像时尚杂志的翻版。

吸烟 ················ 12
吸烟对很多意大利人来说是根深蒂固的嗜好。

喝酒 ················ 13
与嗜烟相反，意大利人极少酗酒。

交通工具 ················ 13
在意大利旅行，或是自驾车，或是乘火车，或是骑自行车，悉听尊便。

地理 ················ 16
意大利20个行政区的历史和文化及所受的影响均不同，有时你甚至会觉得不是在意大利，而是到了别的什么国家。

历史 ················ 29
公元前735年，罗马建立……公元前27年，屋大维登上了皇帝的宝座，开始了罗马帝国时期……

第三章 人民

家庭关系 ················ 38
意大利家庭关系的稳固与平衡造就了国家的稳固与平衡。

友谊 ················ 40
有一句意大利谚语说："找到朋友的人就等于找到了宝藏。"

CONTENTS 目录

意大利情人 ················· 40
鉴于意大利男人像青春少年一般的特质，最好的解决办法就是爱他们然后再离开他们。

传统的重要性 ··············· 41
查看一下意大利的日历，很多月份都是以异教神来命名的。

节日、圣徒和年的循环 ········· 42
民族自豪感、宗教影响和需要社会与地域的认同感是意大利人爱过节的原因。

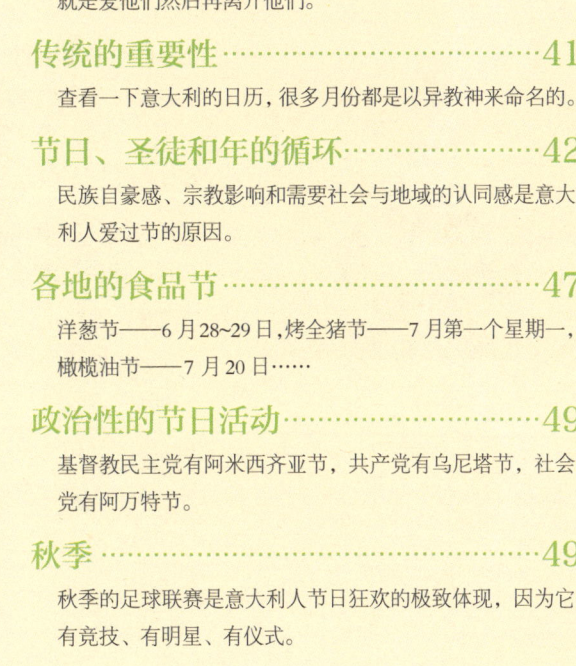

各地的食品节 ··············· 47
洋葱节——6月28~29日，烤全猪节——7月第一个星期一，橄榄油节——7月20日……

政治性的节日活动 ············ 49
基督教民主党有阿米西齐亚节，共产党有乌尼塔节，社会党有阿万特节。

秋季 ······················ 49
秋季的足球联赛是意大利人节日狂欢的极致体现，因为它有竞技、有明星、有仪式。

迷信 ······················ 50
意大利人相信有些事会带来坏运气，但如果处理得好则可以消灾。

丑恶的社会现象 ············· 51
毒品和黑手党是意大利社会的两大弊病。

第四章 社交礼仪

服饰 ······················ 54
意大利人天生会穿衣打扮，他们风度翩翩且优雅时尚。

接受邀请 ··················· 56
受邀到家里用晚餐时，可以带上点儿巧克力，一瓶葡萄酒或开胃酒也是不错的礼物。

目录 CONTENTS

名片 ·············· 61
意大利人的名片一般比美国、英国或亚太地区国家的人们使用的名片大一些。

咖啡馆和酒吧 ·············· 61
意大利人喜欢带着家人一起到咖啡馆享受喝咖啡、饮酒、聊天、玩牌的悠闲时光。

闲谈 ·············· 62
意大利人生活较闲散，常能看到他们把一天的工夫都花在愉快的闲聊上面。

吸烟 ·············· 64
大部分意大利人，包括 65% 的烟民都赞成新的公共场所禁烟法令。

打电话 ·············· 64
意大利人打电话时不说"喂"，或者"Hello"，而是说"Pronto"。

午睡 ·············· 65
午睡的习俗源自于古罗马。

重要仪式 ·············· 65
意大利人一生要经历的重要仪式包括洗礼、初领圣体、18 岁成年舞会……

第五章 定居

资质条件 ·············· 68
与英国、美国、澳大利亚及其他国家不同，外籍人士要成为意大利公民，只有通过婚姻方式。

寻找住所 ·············· 69
想在意大利定居，位于佛罗伦萨和罗马之间的中部地区是你理想的选择。

CONTENTS 目录

文化震撼之旅/意大利

从国内带什么 …………………… 76
允许带入意大利的可以是原装家具和标准家用物品。

教育体制 …………………………… 77
意大利有两所国立大学接受国外留学生：一所是锡耶纳大学，另一所在佩鲁贾。

应付家务 …………………………… 79
意大利人料理家务还是习惯雇女佣，一周几小时，一小时付9欧元至10欧元。

银行 ………………………………… 80
如果你不是意大利籍公民，可以开立非公民账户，这样只能从国外银行转账资金。

纳税 ………………………………… 81
大多数人利用银行账户转账缴税。

购物 ………………………………… 81
意大利人喜欢多跑几趟、每次少买的做法以保证食品的新鲜。

驾车须知 …………………………… 81
在意大利，高速公路限速是每小时130公里。

邮政服务 …………………………… 83
意大利邮政服务效率较之以前有显著提高，所有寄往世界各地的信件、包裹都能在几天内寄到。

通信服务 …………………………… 84
像大多数发达国家一样，意大利的各种通信手段一应俱全，用户完全可以各取所需。

教堂 ………………………………… 84
天主教堂既是意大利社会结构的中心，也是权力中心。

目录 CONTENTS

文化震撼之旅 / 意大利

第六章
饮食和娱乐

皮埃蒙特美食……………………87
皮埃蒙特以甜品著称。

皮埃蒙特葡萄酒…………………88
普罗旺斯阿尔巴的葡萄园用内比奥罗葡萄生产出皮埃蒙特最负盛名的巴罗洛葡萄酒和巴巴里司卡兹葡萄酒。

伦巴第美食………………………89
伦巴第烹调完全以黄油为主料,最主要食品之一便是干酪。

伦巴第葡萄酒……………………91
最代表伦巴第纯正风味的是娃泰丽娜山谷一带出产的葡萄酒,它带有浓郁扑鼻的玫瑰清香。

艾米利亚-罗马涅美食…………91
丰富的食料使艾米利亚—罗马涅成为全国的美食中心。

艾米利亚-罗马涅葡萄酒………93
最好的佳酿要数索伯拉,它有着红宝石的颜色、紫罗兰的浓香。

威尼斯美食………………………94
威尼斯人喜欢海味胜过肉食。

威尼托葡萄酒……………………96
因清澈的红宝石色,巴多利诺酒常被人形容为"迷人"。

利古里亚美食……………………97
由于利古里亚有高质量的橄榄油,大多数肉菜倾向于油煎。

利古里亚葡萄酒…………………98
据说利古里亚生产65种不同类型的葡萄酒。

托斯卡纳美食……………………98
托斯卡纳以简洁的饮食风格著称。

托斯卡纳葡萄酒…………………99
近来,一些高度数葡萄酒,即所谓超级托斯卡纳,已受到全世界品酒师的青睐。

CONTENTS 目录

翁布里亚美食 ………………… 100
翁布里亚饮食风格类似于托斯卡纳，既朴实又自然，但不够精细。

翁布里亚葡萄酒 ……………… 101
翁布里亚唯一知名的葡萄酒是奥尔维特，呈淡黄色，带有淡雅的清香和浓厚的余味。

马尔凯美食 …………………… 101
马尔凯的布罗代托鱼汤是献给众神的美味。

马尔凯葡萄酒 ………………… 102
马尔凯的知名葡萄酒是维乐迪奇奥城堡起泡酒，呈晶莹的淡黄色，清澈甘醇。

阿布鲁齐和莫利塞美食 ……… 102
阿布鲁齐和莫利塞人擅长烹调羊肉，做热腾腾、香喷喷的汤。

阿布鲁齐和莫利塞葡萄酒 …… 102
阿布鲁齐和莫利塞曾经是重要的葡萄酒产地，今天仍然酿造一些适宜的酒品。

阿普利亚美食 ………………… 102
阿普利亚有着古老的文明，它悠远的历史创造了品种繁多的饮食。

阿普利亚葡萄酒 ……………… 103
阿普利亚一年产出2亿多加仑葡萄酒。

巴西利卡塔美食 ……………… 104
巴西利卡塔食物通常用红辣椒、红甘椒、生姜入味，味浓口重。

巴西利卡塔葡萄酒 …………… 104
巴西利卡塔只有一种酒，别无其他——阿格利阿尼克·得尔·沃尔图尔。

007

目录 CONTENTS

文化震撼之旅／意大利

卡拉布里亚美食 …………… 104
卡拉布里亚美食以面食、蔬菜为主。

卡拉布里亚葡萄酒 …………… 105
卡拉布里亚并不盛产葡萄酒。

西西里岛美食 …………… 105
西西里的烹饪充满了奇特的味道，是不同食物的组合。

西西里岛葡萄酒 …………… 106
马沙拉葡萄酒是西西里岛最著名的葡萄酒。

那波利美食 …………… 106
那波利美食主要有通心面和比萨饼。

坎帕尼亚葡萄酒 …………… 107
坎帕尼亚知名的葡萄酒有法勒诺和耶稣泪。

拉齐奥美食 …………… 107
在火上叉烤全乳猪是拉齐奥具有象征意义的菜品。

罗马葡萄酒 …………… 108
罗马最受欢迎的葡萄酒是产自奥尔本山区的卡斯特里罗马尼。

餐桌礼仪 …………… 109
赴宴或参加聚会者不能不知道的诸多礼仪。

第七章 享受文化

建筑 …………… 112
根据联合国教科文组织的统计，在意大利能够欣赏到全世界 50% 以上的杰出艺术作品。

音乐 …………… 129
威尔第被誉为意大利最出色的歌剧作曲家，其歌剧被看作是自由的象征。

CONTENTS 目录

文学 ………………………… 132
文学大师但丁的巨著《神曲》对意大利文化的深刻影响是其他任何文学作品所无法比拟的。

文艺复兴 ………………………… 133
文艺复兴倡导的人文主义追求人的权利及自然之美。

16 世纪 ………………………… 134
1494 至 1560 年间,文艺复兴的最大成就在于每种艺术形式,包括文学在内,都趋于完美,且被赋予古典色彩。

17 世纪 ………………………… 135
大体上看,17 世纪诗歌篇幅较长,但缺乏感染力。

启蒙运动 ………………………… 136
启蒙运动时期,法国盛行的思想潮流——自由、平等、痛恨暴政——在意大利文学中都有所体现。

浪漫主义 ………………………… 136
浪漫主义运动中成就最突出的文学家要数贾科英·利欧帕迪,他被视为但丁之后意大利最伟大的抒情诗人。

19 世纪复兴运动 ………………………… 137
19 世纪复兴运动中好战精神达到顶峰,与此同时,爱国主义浪潮风起云涌。

民族统一 ………………………… 137
乔万尼·巴司古利深信诗歌应当以一个孩子敏锐的眼光来清楚地看待和反映世界。

20 世纪 ………………………… 138
托马索·马里内特是意大利乃至欧洲首位主张以机器美学——对速度的追求,来代替资产阶级道德规范的作家。

法西斯主义 ………………………… 138
在法西斯当政期间,官方的政策倾向于恢复罗马帝国的庄严以及削弱所有的外国影响力。

目录 CONTENTS

战后文学 …………………………… 139
阿尔贝托·莫拉维亚的处女作《冷漠的人们》被誉为意大利小说再生的标志。

当今趋势 …………………………… 140
过去的历史再次受到重视，知识分子绝不妥协的处世方式又受到推崇。

文化传播 …………………………… 141
近代，伴随着文艺复兴运动，意大利文化不断向外传播，欧洲各国深受其影响。

贵族旅游（英国贵族子女遍游欧洲大陆的教育旅行）…………………… 143
成百上千富裕并有教养的英国贵族涌入意大利。

公共交通工具 ……………………… 150
在意大利旅行，你可以乘火车、汽车、骑二轮车、马，甚至干脆徒步。

娱乐活动 …………………………… 153
意大利人消磨时间的方式是到喜欢的咖啡馆或酒吧喝咖啡、吃冰激凌、玩桌球或玩纸牌游戏。

第八章 学习语言

拉丁语 ……………………………… 156
在意大利人的日常谈话中存在着拉丁语的痕迹。

意大利语 …………………………… 157
但丁、彼特拉克和薄伽丘用托斯卡纳方言创作的作品在14世纪成为意大利的标准语言。

肢体语言 …………………………… 158
意大利人爱用身体各个部分帮助他们表达自己的意思。

少数民族语言 ……………………… 160
大约250万，即5%的意大利人口仍然使用自己的少数民

CONTENTS 目录

族语言。

意大利语的拼写 ········· 161
一些用于飞机场和国际组织的拼写方式，去意大利之前最好把它们记住。

清除外来词语 ········· 164
墨索里尼发动了一场语言学战争，旨在从意大利语中除去外国语言的影响。

来自于英语的词汇 ········· 164
意大利人现在使用的约 200 个英文词汇。

容易混淆的词 ········· 167
意大利语和英语之间似乎是一样的或者说是非常相似的单词。

日常用语 ········· 169
跟动物有关的脏话、跟性有关的脏话……一些脏话的英文含义及中文解释。

学习意大利语言 ········· 173
你常常会感觉到学过的语法好像都没有用，因为例外的情况实在太多了，意大利语就像是没有规则可循的。

第九章
在意大利工作和经商

障碍 ········· 176
需要克服的最大障碍是意大利根深蒂固的官僚作风以及几十年来大多数政府部门都有的可怕的腐败之风。

开始 ········· 177
注册一家公司的最佳方法是你正式委托会计公司给予指导，并雇用专业的商务顾问处理你的财务。

商务礼仪 ········· 179
称呼别人时，如果他的名片上印有头衔，就按照头衔称呼好了。

目录 CONTENTS

文化震域之旅 / 意大利

工作时间 ································ 181
一般情况下，意大利人一周工作 5 天共 40 小时。

谈判 ································ 181
意大利人谈判通常都是迂回进行的，他们不喜欢一是一、二是二地一下子就摊牌。

意大利的人力资源 ··················· 182
意大利人拥有与生俱来的构思和谋划能力，他们像魔术师一样有创造天赋。

小结 ································ 186
意大利有世界上最好的商人和世界上最糟糕的繁文缛节。

第十章 意国掠影

缩略语和简称 ····················· 192
政府及商务类、时间类、头衔类、交通和通信类 4 类缩略语和简称。

附录

◆ 文化知识小测试 ················ 194
◆ 行为准则 ······················ 198
◆ 词汇表 ······················· 201
◆ 信息资源指南 ·················· 202
◆ 更多阅读信息 ·················· 214

十字广场

FORWORD 前言

当你乘坐的飞机在被称作"永恒之城"的罗马上空盘旋,将要慢慢降落到达·芬奇机场时,从舷窗向外望去,你可能会看到地面上静静流淌的台伯河、久负盛名的圣彼得大教堂和圆形大斗兽场。

"真是条条大路通罗马啊!"飞机正在降落,在你系好安全带、检查行李物品时,你的邻座这样感叹道。

可是你心里一直有个声音在嘀咕:我就要降落到的这个地方,到底是什么样啊?所有那些曾经听说过的关于意大利的传闻逸事一下子都涌现出来,让你不禁怀疑自己能不能适应这个新环境。换句话说,你害怕在这个完全陌生的国度会遇到巨大的文化差异,让你无所适从。是的,在这里你将遇到的人和事肯定和你家乡的人和事不一样。这可是外国,怎么能一样呢?

不过,无须担忧。意大利人热情好客,他们永远欢迎远方的"入侵者"——只要面带微笑而来,"入侵者"们定会感到宾至如归。事实上,如果你能像意大利人一样轻松愉悦,文化差异虽然令你惊异,但更能让你兴奋不已。

所以,到意大利的第一件事,就是微笑。这可是个秘密——想适应当地的生活吗?微笑足矣。

关于意大利的基本数据

因为很多读者都是初次来到意大利,所以我们先来看一些基本

古罗马斗兽场内部

数据。意大利是个多山的国家,从阿尔卑斯向南延伸到地中海,南北最大长度为1 300公里(809.7英里),东西最大宽度为250公里(155.3英里)。

意大利的版图形状非常特别——像一只高跟长靴正做好准备要把西西里岛踢到对面的突尼斯和撒丁岛之间的海峡里。世界上没有哪个国家像意大利这样,在地图上一眼就能被认出来。除了北部边界是冰川山区,意大利的其余部分都临海。它的海岸线有1 600公里(994.2英里)(相当于从伦敦到罗马的距离)。意大利70%的国土都是山区,这在很大程度上限制了耕地的面积,气候也因此多种多样。虽然如此,70%的土地都已经得到了充分的开发,这足以说明从古至今意大利人的聪明和才智。

意大利领土南北狭长,气候因此而多变,各地区的显著差异使得不同地区的意大利人,比如北部工业发达地区的居民和南部地中海地区的居民在脾气秉性上就有着显著的差别。

乡土观念和身份认同

意大利是一个独立完整的国家,这毋庸置疑。但是,它的南方和北方截然不同。要是算上中部,应该是南、北、中三个差异巨大的地区。如果把独特的西西里岛和撒丁岛也划分出来的话,就要有五部分了。实际上,考虑到每个地区的民风和特色,那么意大利就能被分成20个部分。

在意大利,每个地区都有自己的主保圣人——曾在这一地区居住过、后来保佑这个地方的神灵或圣人。意大利人的区域意识和乡土观念非常浓厚。

家乡是意大利人最热爱的地方,家乡的钟楼、家乡

西西里岛巴勒莫大教堂

的村落、家乡的地形、家乡的人，这一切对意大利人来说都是他的身份之源。他们对于国家的热爱必然要屈居于对家庭之爱、对家乡之爱、对区域之爱的后面，当然，他们对自我的认同还是排在首位。一个锡耶纳人，在国外时他会告诉别人他是意大利人；可是在意大利，他一定会说他是托斯卡纳人；自然，回到托斯卡纳，他就是不折不扣的锡耶纳人了。

　　这位锡耶纳人只有回到家乡，看到他思念的城墙，他的身份才真正变回了他自己——在家里，在家人中间，在自己的房间里——这时他才真正感觉到舒适，因为他现在是某某家的某某某了。无论意大利人多么合群，或者善于交往，他们首先都是个人主义者，主张保持独特的个性。整个国家的地区性差异就能很好地说明这一点。读者可能会说，哪个国家内部没有差异呢？但我们还是要把意大利各地的差异在这里强调一下，目的是让读者了解跟意大利各地的差异相关的知识，以便在这些差异性的问题影响到旅行或生活时有个充分的心理准备。

差异

　　意大利有古老而悠久的文明，可是，作为统一的国家，它的历史并不长。它的国土面积只有加利福尼亚那么大，可是，各个地区的独特文化却像万花筒那样丰富多彩。1860年之前，这片土地上群雄割据，各个独立的小国互相敌视，战争频繁。

帕尔马钟楼

下面就让我们看看这些有趣的矛盾现象吧：

- 意大利是天主教最高机构所在地，但是这里又是最激进的左翼文化的发祥地（从无政府主义到社会主义，再到共产主义）。
- 意大利人无论在内容和形式上都完全遵从传统，但是这里又孕育出了很多高科技企业，如菲亚特汽车、奥利维蒂打印机、奥古斯塔直升机、贝雷塔军火等大型公司。而且30年来，意大利的经济年增长率一直保持欧洲第一的速度（现在意大利在发达工业国家中排名第七）。
- 意大利南部现在还有些地区处在贫困线以下，但北部伦巴第的富裕程度却能够在欧洲排第三名。
- 二战以后，每一届意大利政府的平均任期都不超过12个月，但是，政治领袖却几乎享有终身权力。政府更迭，领导人却没有太大的变动。直到1994年3月开始的"净手运动"，政府里才出现了新面孔。
- 众所周知，意大利人的家庭纽带非常牢固，即使是在国家动荡不安的时期，意大利人也很重视家人之间的联系。然而，最新调查显示，现在意大利家庭的平均人口只有2.6人。
- 意大利拥有世界上最美的建筑，但是海岸沿线的房屋却可以称得上是奇丑无比。很多城市的周边破烂不堪，跟巴黎、纽约、莫斯科或者东京的近郊并没有多大区别。
- 只用一天的时间，或坐火车或开汽车，你就可以从阿尔卑斯山南下到西西里游览一圈。意大利拥有独一无二的丰富景观：海洋、山地、丘陵和平原在这里和谐地融为一体，仿佛欧洲所有的美景你都已经游了个遍。
- 意大利人有公认的好脾气，他们随和、愉快、生性开朗活泼。但是暴力却是这里的顽疾。
- 在意大利内政部看来，在西西里、卡拉布里亚、坎帕尼亚这三个大区，法律和制度被视同儿戏。
- 意大利的美食享誉全球，可是快餐在各地却大行其道，尤其是年轻人，他们更喜欢出去吃快餐而不是享受当地美味。

不管是直接的还是间接的，人们每天都要遇到这些对比强烈的事物或情形。既然来到意大利，你也要学会泰然处之。这些问题或情形不是什么障碍，而是一种了解意大利的方式——这样你才能真正欣赏这片对比如此鲜明强烈的土地。

我们希望你——我们的读者——能和作者一样，认识到这其实就是意大利最吸引人的地方。或许，这些差别其实在人类社会中普遍存在着呢！

"扩音器"

这本书不是以导游为目的，它是一本指南，就像一个漏斗，或者是个扩音器，将一个个主题逐渐延伸扩展，让你对意大利的一切了然于胸。

现在，你已经对意大利有了大概的印象，接下来，我们要更具体更深入地了解这个美丽的国度：学学语言，游览名胜，品尝美食，探究风俗。我们甚至还要在意大利买房居住，跟当地人一起工作生活。一句话，意大利之旅开始啦！

顺便说一句，因为大部分到意大利的旅行者都为它的悠久文化而着迷，我们在这本书中辟出专门的章节，让你迅速地了解意大利的历史、文学和艺术。

好了，"菜单"就在您面前了！祝您好胃口！

扩音器

罗马特莱维喷泉

第一章

第一印象

"意大利！啊，意大利！你有着令人窒息的魅力！"

——拜伦（Lord Byron）

去外国旅行不是件容易事,你要面对的可是完完全全的新环境。游客们总是希望一下飞机就能找到公交车或打到出租车去酒店。一到酒店,就希望受到热情的接待。一进酒店的房间,就希望一切都为他们准备妥当:想要充电,就有匹配的电源;想要换衣服,就有足够的衣架;打开水龙头,热水马上就能流出来;对了,还要有干爽的床单、充足的毛巾、洁净的杯子,以及窗外美丽的风景!

口渴时能喝上香茶、浓咖啡甚至烈酒,想吸烟手边就有火柴,要购物马上能把手里的美元、英镑、日元换成当地的货币。早上6:30,游客们希望商店都开门;晚上10点,他们想餐厅里也该还有晚餐。热情款待嘛,他们当然想要,可太吵太闹也不行。

游客们希望遇到的事都跟他们预计的一样,甚至更好。当然他们也期待着能来点新鲜刺激的,可这一定得是他们应付得了的。没人想被新鲜事弄得大吃一惊,像个没见过世面的傻瓜。谁不希望自己见多识广呢?来一次无拘无束的旅行多么令人期待啊!

实际上,游客们到了外国,就会显得那么无助,因为他们的想法再好,想要全部实现却很难。这一切都取决于柜台后面的服务员、行李员,餐馆的伙计是不是愿意为他们服务。

这就是文化差异最为真实的那一面。怎么做才能处理好这些问题呢?让我们来好好研究一下吧。

走上舷梯的乘客

第一章　第一印象

抵达意大利

干练的移民局和海关官员是你抵达之后见到的第一批意大利人。他们或对你报以职业性的微笑，或不耐烦地挥挥手，示意你通过。只要你的证件齐全，没带超量的香烟或是毒品什么的违禁品，就没有什么可担心的。

罗马威尼斯广场前的车流

从机场到市中心

很多出租车司机都可能会骗人，所以最好事先了解一下计费标准。这在机场就能问得很清楚。按照出租车计价器显示的金额付费，再加上点小费就行了。不要付任何计价器上没有显示的额外费用。其实多数机场离市区都不远（比萨国际机场离市中心就只有1英里），但是，列奥纳多·达·芬奇机场，通常也被称作弗米西诺，到罗马市中心要18英里。

以前从机场到火车站都有公共汽车，现在已被漂亮的黄色火车所取代。这种火车半小时之内就能到达航站楼，沿途设有站点。而且，坐火车肯定要比乘出租车快。机场到达大厅外有专用通道直达火车站，车票可以在整洁的入口处买到。当然，在那儿也可以买到去其他地方的火车票（别忘了上车之前要检票，你只要把票插进站台上的检票机就行了。检票机会在你的火车票上打出登车时间。不检票视同无票乘车）。

佛罗伦萨的皮洛托拉机场已升级为国际机场，吸引了很多欧洲航空公司的航班在此经停。即便如此，比萨机场仍是去托斯卡尼的首选机场。从比萨机场到佛罗伦萨城火车只要一小时。这种火车只有一种座位，每小时一班。

米兰还有一座机场叫做马尔奔萨，也进行了改造升级，去都灵可以选用这个机场，但是这个机场离两座城市都比较远。与乘出租车相比，坐汽车或火车舒适性已大大提高，所以何不一下飞机就问问怎么买票呢。林内特机场离市中心可是非常近的。

膳宿

意大利有很多世界级的酒店，能提供顶级的食宿和服务，酒店里各种设施一应俱全，但是酒店的服务员却常常以衣帽取人。

意大利也有很多被评为一级的酒店，表面上装潢得非常华美，可是待客的方式却很傲慢，甚至有些势利。众所周知，与东南亚等地相比，欧洲的服务水平早已相差甚远。这一点任何一位酒店经理都能证明。人工成本高、社会治安差，还有限制禁令等对意大利酒店业的影响尤为严重。

价格公道的酒店

除非你要顾及商务形象，或者你根本就不在乎花多少钱，否则选择一家被认为是第二等级的旅馆绝对物有所值。

想找这样的酒店，你的选择余地还是很大的。每个城市都会有那么几个外表看上去阴郁的现代建筑，让人联想起服务标准在全球都统一的AGIP汽车旅馆。

旅馆的门厅既是前台接待处，又是喝咖啡、看电视的地方。旅馆可能只有一部电梯，也可能没有电梯，所以你得自己拖着行李去房间。房间里可没有什么簇新的现代家具，却极为干净。床很舒服，浴室很整洁，热水也很充足，甚至还有一个印着广告的烟灰缸。这样的酒店不可能像家一样温馨，也不会特别舒适，却远比那些高档酒店更亲切，待人更热情。通常这些旅馆都属私人所有，一家人都在这里工作，也不用请什么帮手，成本自然就低一些，当然也不会额外收很多费用。

旅馆里的人常会帮你解决实际问题：告诉你应该去哪儿看看，怎么去最好，甚至还会告诉你在附近购物要注意点什么。

酒店前台

大体上这些旅馆都有餐厅,当地人常来,饭菜的味道自然不错。当你游览了一整天,回到这熟悉的环境,看到熟悉的人,那种感觉是多么惬意啊!总的来说,住这样的旅馆可真是不错的选择,尤其是到了付账的时候,优势就更为明显了。

早餐

如果你习惯于享用丰盛的早餐,那么在意大利你就要大吃一惊了。同大多数地中海地区居民一样,意大利人并不喜欢吃早餐。他们不习惯肚子饱饱地开始新的一天。通常,他们早上喝一小杯咖啡,外加吃一些小点

早餐

心,比如一个新月形面包,或一块蛋糕什么的。

为了满足外国客人对早餐的要求,意大利的酒店一般会在大堂的酒吧或者旁边一间不起眼的小屋里提供一杯卡布奇诺咖啡、几块饼干和果酱作为早餐。

要是你正好喜欢喝茶,你会发现意大利人可不太会泡茶。他们用咖啡机把水煮开了,倒在放了茶包的咖啡杯里,再加上一片柠檬就算泡好茶了。你要是点一壶茶,端上来的准有两壶茶那么多。牛奶也是只有在你要的时候才会给送上来。但是,公平一点说,为了更好地为外国客人服务(也可以说他们已经意识到这是一种增加收入的好办法),现在有些酒店已开始提供所谓的自助早餐。除了饼干和果酱,客人们还可以自己倒上一杯果汁,来点儿麦片。

不过,既然到了意大利,那就入乡随俗吧。何不走出酒店,到最近的咖啡馆,来上一杯卡布奇诺,再加个小面包呢?至少你还能体会到当地的风土人情。

可等你出了酒店,街上的景象会让你再吃一惊。便道上人声嘈杂(人行道太窄了,我只好把它们叫做便道),马路上菲亚特小汽车轰着油门左冲右突,在车海中钻来钻去。

要走到最近的咖啡馆,你也得在人潮车海里穿行那么一会儿。到了那里,你要像

街上聊天的路人

当地人一样，先在门口的柜台付账，然后到酒吧的柜台，重复告诉服务员你要点的食物，并把收款便条交给他。

喝咖啡的时候你得站着，就像你旁边打扮得漂漂亮亮的女人们和看起来精神抖擞的男人们一样（他们可是律师，抑或是政治家）。想要坐下来吗？你得付钱才行。坐下来既可以看看报纸，也可以看看窗外行色匆匆的人们，那可是罗马人最爱的消磨时光的方式。

街上的人

意大利人的优雅总是给人以深刻的印象。要是你正好坐在著名的罗马维内托大道人行道上的茶座里，你会更加认同这一观点。

毫无疑问，意大利人非常有品位。不仅表现在衣着方面，连他们走路的姿势都很优雅（在后面的章节里我们会谈到身体语言）。要是在街上看见衣着花哨或者是浑身上下衣服的颜色极不协调的人，他们准是从好莱坞或拉斯维加斯到这儿来的。

就餐

像多数地中海地区的居民一样，意大利人一天只吃两顿饭。他们几乎不吃早饭，也很少用下午茶。他们重视的是午饭和晚饭，因为那是一天中最美好的时刻。

正餐

传统的意式午餐和晚餐的菜式大都相同。一般包括头盘、意粉、主菜、奶酪、甜品或水果，最后在喝完一小杯浓咖啡之后结束（意大利人爱喝的是爱斯普利索浓咖

> **酒类**
>
> 餐厅一般都有瓶装酒出售,质量又好,价格也公道,而且你可以像很多意大利人一样用水稀释了之后再喝。你可以点装在细颈瓶里的普卓尼葡萄酒、苏富底葡萄酒或者德拉卡萨葡萄酒。当然在酒吧里点这些种类的葡萄酒要比在餐厅里点好得多。

啡,而非大杯的卡布奇诺)。顾名思义,头盘都在意粉之前端上来。意粉或烩饭的种类通常很多,分量也不少。主菜包括肉类、禽类还有海鲜,作为配菜的蔬菜或沙拉是单独装盘的。

意大利人大多不喜欢喝鸡尾酒,但有时他们也会来点儿开胃酒,比如苦艾酒。通常,就餐时意大利人都喝葡萄酒,餐后也有人喜欢喝点儿格拉巴酒(用酒渣酿制的一种白兰地餐后酒)。对一瓶威士忌就搞定的英国人来说,意大利人这种喝酒的方式奇怪得很。

当然,你大可不必两顿正餐都点这么多道菜。但通常人们都会要一个头盘,点一份意粉、一种主菜配上简单的沙拉,再加上一小杯浓咖啡。有人可能不要头盘和甜品,但主菜之前的意粉(或者是汤)却是必不可少的。

虽然菜单上各种菜品都一一列出,但是外国游客常常会摸不着头脑,不知道该点哪几道菜合适。

定价菜单

虽然很多餐馆都会提供定价菜单,不过可别高兴得太早。像来自瑞士或德国的游客,他们在国内的习惯是只点一道菜,并且所有的配菜都不收费。可在这儿,他们得费半天力气才能找到主菜这一栏,点完主菜后又得挑几样蔬菜做配菜。当他们发现蔬菜和主菜是分开端上来的,而且每样菜都单独收费的时候,怎么能不抱怨收费太贵了呢?(反过来说,意大利

烧烤菜单

意大利面条

人到瑞士或者德国去也是一样，他们肯定要点好几道菜，可是其实每道菜都够一个人吃得很饱。他们自然也会抱怨吃饭太贵了）

清淡食物

要是你只想吃点儿清淡食物，最好事先就微笑着对服务员说你正在节食，只想点一份意粉或配沙拉的肉菜。餐馆里的人自然不会很开心，可至少他们不会赔本。

同样的，要是你不想在中午喝掉一整瓶葡萄酒，就点一瓶矿泉水或者来点儿啤酒（意大利人现在越来越喜欢喝啤酒了）。

小餐馆和大饭店的区别其实只是在于舒适程度、内部装修、菜式多寡或消费多少上。如果你有钱，大可到时髦又高级的大饭店挥霍一番。不然的话，找个家常菜馆就是最好的选择。这样的餐馆比起大饭店要简单得多，可也实在得多。餐馆里的菜都是家常口味，就像是妈妈在家里做的一样。要是你看到本地人都在那儿吃饭，饭菜味道绝不会差到哪儿去。要是味道差，这餐馆可能早就关门大吉啦。

很多地方都有自助快餐厅，虽然外表看上去不那么吸引人，但价格绝对公道。如果只是想来点儿小吃，最简单的办法就是去酒吧。酒吧里大都卖火腿肉卷，或奶酪三明治什么的。像摩塔和埃利马格纳酒吧就有多汁儿而又香喷喷的三明治出售。

当然现在还有很多快餐连锁店，可我实在不愿意提到它们，毕竟你不是为了吃汉堡包而千里迢迢跑到意大利来的。如今的情况是，在意大利无论是在大小城市还是在农村乡镇，无论是酒吧还是咖啡馆，都有中档价格的小吃。很多大餐馆除了有普通套餐之外，也都推出了清淡的午饭套餐。

观光游览

在罗马，值得游览的有天使古堡、圣彼得教堂、西斯廷小教堂、梵蒂冈博物馆、博日亚公寓和台伯河岸地区——所有这些名胜相隔得都不远。另外还有一个区域也不

第一章　第一印象

> **加油**
>
> 　　加油站法定工作时间为 8 小时，所以多数加油站 12：30 到下午 2：30 之间休息，晚上 7：30 下班。高速路上的加油站全天 24 小时都营业。如果是在乡村公路上开车，尽管路上有的加油站能用纸币自助加油，但最好事先加满油。最糟糕的事莫过于半夜 12：31 的时候你的油表灯亮了，而这时你又找不到加油的地方。

容错过，那里有威尼斯广场、坎比多里奥广场、圆形大斗兽场和帕拉蒂尼山。这样看来，你得好好计划一下。

　　租一辆车当然好，但是你得跟市区其他车辆一样对付拥挤的交通。想少花钱的话，可以乘坐观光巴士。这种观光巴士分为顺时针和逆时针两个方向绕城一周，游客可以在不同站点上下车。但即使是观光巴士可以走公交车道，也常会遇到堵车，所以一定要避开上下班的高峰时段。

　　那么，何不来一次徒步观光呢？你可以一次走遍罗马的一个区域，实在累了的时候就打辆出租车或干脆到路边的小馆子里歇歇脚。

　　佛罗伦萨的中心区禁止车辆通行，所以你只能走着去游览。同样的，在锡耶纳和佩鲁贾等地游览也只能徒步（威尼斯就更不用说了，那里根本就没有一辆车）。

圣天使堡

即便如玛丽·麦卡锡所说,佛罗伦萨的石板路是世界上最硬的,徒步游览也没什么可怕的。坐在西尼约利亚广场上的咖啡店里,你会发现欧洲最棒的三大美术馆——乌菲齐美术馆、维琪奥(旧)宫和巴杰罗美术馆——近在咫尺,而且过了维琪奥(旧)桥就是皮蒂宫。

其实只有当你徒步游览时,才能真正体会到这些古老城市的魅力,才能更深切地理解作家亨利·詹姆士说过的话:人类历史与道德力量以及色彩搭配与建筑形式的完美融合赋予这一切至高无上、英勇无畏的魅力,正是这些吸引着我们。

所以,一定要带上一双舒适的鞋子。不过到意大利后再买也不迟,意大利工匠的制鞋技艺可是世界闻名的,但是近来他们也同样受到了亚洲廉价鞋的冲击。

办公时间

多数博物馆到下午2点就闭馆,所以游览时为了赶时间,只能吃点快餐或点心。不同城市不同季节里博物馆的开放时间都不一样,所以很难讲哪个时间去最好,但是有一点可以肯定,几乎所有的博物馆星期一都休息,不接待游客。

除了很大的城市,一般地方的邮局、银行、政府机关也都像博物馆一样很早就下班,一周只工作五天,甚至连意大利汽车工业协会(ACI)也只在上午办公。所以,请一定记住,不能等到周末才去兑换旅行支票。当然,多数旅馆和酒店都接受旅行支票,但汇率要相对低一些。如今信用卡也能在很多旅馆使用,但却不一定能在餐馆里使用,小地方的餐馆不接受信用卡。

在所有的城市,加油站现在都有可使用纸币的自助设施。几乎每个加油站都接受信用卡,也有自动取款机。

打电话

邮局虽然提供跟邮政有关的很多服务,可想打电话却不能去那儿,只有在几个主要的

红色电话亭

第一章 第一印象

> **对背景声音的需求**
>
> 有一件事引起了我的注意：日本人在家时，需要把电视开着，不管他们对电视里的节目是否感兴趣。看起来人们特别需要背景噪声带来的安全感。曾经有一次，我的朋友来到我的公寓，他觉得太静了，所以打开了电视机。当我镇定地找到遥控器关掉电视时，他们向我投来疑惑的目光，好像不明白我为什么这么做。

城市例外。要打电话就去找街上的电话亭或者去酒吧。很多酒吧门外都有一个圆形的电话标志。在酒吧打电话可以免去不停投币或更换电话卡的烦恼，让你痛痛快快打个国际长途。你不用点什么喝的，因为你付的电话费里已经包含了酒吧的费用。当然，要是想打好几个电话，喝上一杯肯定会有些帮助。

买邮票也不用非得到邮局去，有蓝色"T"标志的香烟店也代售邮票。香烟是政府垄断专卖，所以香烟店也代售很多东西，比如政府部门发放的表格、邮票什么的。邮筒一般就挂在香烟店门外的墙上。电话卡也可以在这儿买到，报刊亭和邮局也有出售。

收发传真可以到邮局办理，即便有的邮局不提供这种服务，它们也会告诉你该到哪里去找发传真和电子邮件的地方。

卫生间

很遗憾，方便的问题在这里并不方便。大城市的火车站附近常有一种设施齐全的日间旅馆，在那里你可以洗澡，还能理发。公共卫生间（意大利语叫做WC，发音是vey-chay）一般都藏在最不起眼的地方。酒吧里的卫生间也可以用，如果不行的话，酒吧里的服务人员会告诉你到哪里去找。现在还有一种投币厕所，一次投五角或一块欧元就可以使用。可是厕所的数

卫生间标志

量还是太少，也太难找。如果实在找不到公共卫生间，不妨到最大的酒店或饭店里去。当然完了之后可以点一杯咖啡或什么的——尽管没这个必要。

衣着

穿什么衣服当然由你自己来决定，不过很大程度上要取决于天气。你大可不必在大热天穿着正装到处游览，可也不能穿着背心短裤就到高级餐厅就餐，去教堂就更应该注意一些了。要是参观教堂的时候正赶上有宗教活动，女性应该穿长袖衣服，而且要戴帽子，这些要求在教堂门口的告示栏里都可以看到。

吸烟

禁止吸烟标志

很多人都关心吸烟的问题。2005年希尔奇亚法通过后，意大利已禁止在所有公共场所吸烟，包括厂房、火车、飞机、酒吧和咖啡馆、电影院、公共汽车、公共办公室和私人办公室、学校、大学、公交设施等。现在火车也不再设有吸烟车厢。有的饭店和咖啡馆可能还有吸烟室，但人们大多都是到外面吸烟。

烟草文化

吸烟对很多意大利人来说是根深蒂固的嗜好，1992年11月因烟草工人罢工引起的骚乱就是明证。当时在全国香烟销售殆尽之后，竟有人为抢一包香烟而杀人。所以反对吸烟的人士虽已取得很大进展，但想要完全的胜利还要假以时日。不过，什么事都有可能发生，更何况是禁烟这件事呢！

喝酒

与嗜烟相反,意大利人极少酗酒,大街上也不会见到喝得醉醺醺的酒鬼。这可能是因为意大利人从不空腹喝酒。

其实意大利人可能一顿饭就要喝掉整整一瓶葡萄酒,可是他们却从不在餐前恣意享受鸡尾酒。食物中的油脂可以抵消酒精的作用,所以喝醉的机会就大大减少。

意大利的酒类销售许可法不是很严格,也就是说人们可以尽情享受喝上一杯的愉快时光。酒吧好像一天到晚都开着,随时欢迎你进去润润嗓子、解解渴。

火车上也卖酒,售货的小推车上通常都有葡萄酒、啤酒和火腿面包。高速路边的服务区设有供司机和旅客休息的酒吧和餐馆。即便是最普通的酒吧或餐馆,也都有各式各样的酒类出售,其中包括各种品牌的威士忌。很多游客看到这种情形都会大吃一惊,因为多数国家严禁酒后驾车。其实,在意大利酒后驾车也属违法行为。根据欧盟的规定,意大利和其他欧盟国家一样都使用呼吸测醉仪检查驾驶员呼吸中的酒精含量,所以,要是你没有酒量,还是不要酒后驾车的为好。

红酒

交通工具

一切都准备就绪,只欠出发啦!到底哪种旅行的方式最好呢?

海岸线上蜿蜒的公路,还有穿越意大利中部的高速公路都是开车旅行道路的好选择。从罗马到米兰只用不到5个小时,从南部的巴里到西北部法国和意大利边境上的小镇梵提明格利亚也不过10个小时多一点。要是你不怕长途跋涉的辛苦,一天时间就可以穿越整个意大利:清晨离开北部意大利和奥地利边界的布伦纳罗山口,开车到达西西里时还赶得上吃晚饭,虽然这晚饭有点儿晚了。

火车也很便捷。特快列车到上面提到的那些地方所用的时间和开车一样快,普通列车几乎在每个小地方都有车站。

所以,用什么样的交通工具你自己决定就好了。主要还是取决于时间的安排和旅行的人数,还有你的旅行计划,一次全景游(包括佛罗伦萨、罗马、拿波里和威尼斯)和一次山地游(只去东北部的威尼托区和白云石山)所用的交通工具当然不一样。

要是你的计划是从一个城市到另一个城市,毫无疑问火车是首选。火车会把你直接送到市中心(意大利的火车站一般都在市中心),免去你会在大多数城市遇到的交通拥挤之苦。如果开车的话,你要付高速公路费和汽油费。以相同的起点和终点算来,火车的头等票比开车的费用贵不了多少,难怪很多人都把汽车放在家里,改乘火车出行。

延伸到城镇的普通列车和往返于村镇之间的公共汽车为你去意大利的乡村游览提供了方便条件。要是你喜欢更亲近大自然,不妨租辆自行车,一直骑到山顶上(在基安蒂陡峭的葡萄种植区常能看到大群挥汗如雨的自行车爱好者)。不过,在乡村游玩,自己开车灵活性更高一些,尤其是一大家子人在一起时,自己开车更能享受到出行的乐趣。

一般在机场都能租到车,如果你在意大利待的时间比较长,还可以跟某个租车公司签个租赁协议。我将在后面的章节里详细介绍与车有关的信息。

经过意大利五渔村的火车

第二章

风土和历史

"没去过意大利的人总会觉得很自卑,因为那是一个人一生必去的地方。"

——塞缪尔·约翰逊(Samuel Johnson)

罗马机场快轨

地理

进入意大利有三种方式：驾车或乘火车入境，或乘飞机抵达。游览一般集中在一两个大的区域。

意大利分为20个行政区。每个区都有自治权，但都归属罗马的中央政府管辖，这就意味着每个区域都有其独特之处。大到税收、法律，小到日常生活的细节，在各地都有差别，而且差别还相当大。因为各个区域的历史和文化及所受的影响不同，有时你甚至会觉得不是在意大利，而是到了别的什么国家。

所以，在开始旅行之前，我们不妨粗略地领略一下各地的风土人情。让我们从北部的利古里亚、皮埃蒙特、伦巴第和威尼斯（以及特伦蒂诺–上阿迪杰和奥斯塔地区）开始吧。这些地区与其他国家接壤，要是你从陆路入境，肯定要经过上述的某个地方。如今，由于欧盟一体化的关系，意大利与法国和奥地利的边境线已经开放。但是，意大利与没有加入欧盟的瑞士和斯洛文尼亚的边境还有例行的检查。

利古里亚大区

从地图上看利古里亚大区的形状好像一个飞去来器。它与法国的里维埃拉大区（通常被称作蔚蓝海岸大区）接壤，曲折的海岸线闻名遐迩。临海的首府热那亚位于大区的中部。最西端是小镇梵提明格利亚，它是利古里亚海岸西段的起点。阿尔卑斯靠海的山麓有成千上万座鲜花种植园。无数的玫瑰、康乃馨、鸢尾被空运或从铁路出口到其他地区。

从利古里亚海岸西段的高速路、铁路还有游人如织的海滩回望，阿尔卑斯山深深

第二章 风土和历史　17

> **大米的生产**
> 　　在乡村，大米是主要的农作物。诺瓦拉和韦尔切利的大米产量几乎能满足全国的需求（美国总统杰斐逊住在皮埃蒙特时就曾经偷运过一些大米出去）。

的峡谷和中世纪风格的小村庄互相掩映着。在热那亚市海岸西段的终点，有意大利最大的港口，遗憾的是游客稀少。其实这是一座古老而又色彩丰富的城市，而且它的机场就建在水面上。

　　在利古里亚海岸东段，海岸线更加蜿蜒曲折，植被品种也更加丰富：到处是夹竹桃、含羞草和橄榄树；台地上的葡萄藤和栗子树林也随处可见。在北部宜人的小城拉帕罗和莱万托，棕榈成行；在风景如画的圣马赫瑞达和菲诺港，游艇成群。不仅如此，建筑物的颜色也会让你惊叹不已：黄、绿、蓝、庞贝红和锡耶纳棕都被运用得恰到好处。可惜的是，高速路和铁路都要经常穿越隧道（这实在是没有办法的事）。所以你能看到的风景很少，有时能遥望到海边的小镇，也只是浮光掠影而已。

皮埃蒙特大区

　　皮埃蒙特大区位于意大利的最西北端，一直延伸到马焦雷湖，所以如果从辛普林入意大利边境，这里是第一站。

　　皮埃蒙特的首府都灵坐落在阿尔卑斯山的一个转弯处。它是意大利前几任国王的故乡，现在是菲亚特汽车集团的总部，也是欧洲汽车工业的设计中心。这个宁静的城市深受法国影响，这里有世界一流的汽车博物馆，收藏了400多辆老爷车。这儿的埃及博物馆的藏品也只有开罗的藏品能与之相媲美。

　　皮埃蒙特的农业很发达。在山脚下，种植着大量的黑麦和大麦。这里也出产品质上乘的牛奶和乳酪。蒙费拉托附近的白葡萄汽酒和味道醇和的巴洛罗葡萄酒闻名

大麦

遐迩。葡萄酒的酿造在这里有着悠久的历史。

瓦莱达·奥斯塔大区

再往北走就到了瓦莱达·奥斯塔区。虽然它给人的印象好像是皮埃蒙特的一部分，可实际上它是一个独立的大区，而且它与法国的联系非常紧密，甚至就连法语都是这里的官方语言之一。

奥斯塔横跨风光秀丽的多拉巴尔泰阿河，峡谷幽深，绵延50英里，是这一地区最大的峡谷，也是最壮观的。峡谷的侧面与勃朗峰、罗沙峰和马特峰相接，山上有很多传奇式的城堡。

奥斯塔和瑞士交界处是大圣伯纳德山口（这里有闻名遐迩的驮白兰地的狗和一座修道院）。奥斯塔和法国的交界处是小圣伯纳德山口，从沙莫尼山谷还有一条穿越勃朗峰的隧道，有7英里长，也可以到达法国。

伦巴第大区

瓦莱达奥斯塔的东面是意大利北部最富裕、工业最发达，也是人口最多的伦巴第大区。首府米兰是意大利的商业中心和交通中心。

米兰的火车站非常大，也非常著名，甚至与用了4个世纪才完工的哥特式教堂齐名。米兰有全世界最著名的歌剧院斯卡拉剧场，还有达·芬奇的杰作《最后的晚餐》。人们从世界各地迁居到米兰来，商人、艺术家无不在赚钱的同时享受着美妙的生活。司汤达把米兰描写成"野兽般的城市"，可又无比热爱着它。你大概也会同

米兰火车站

第二章　风土和历史　　19

领土

1919 年，意大利获得了的里雅斯特和相邻的伊斯特拉半岛的统治权。第二次世界大战以后，伊斯特拉半岛被划归南斯拉夫。

意，不过此时你肯定不是等在堵得水泄不通的马路上。

伦巴第得名于中世纪之前攻入意大利北部的伦巴族入侵者。伦巴第人长于银行业和经商。贝加莫的机械产品、布雷西亚的家具、科莫的丝绸、克雷莫纳的提琴以及帕维亚（古代伦巴第王国的首都）的缝纫机无不久负盛名。

伦巴第大区南至波河，河流沿岸平原的灌溉系统复杂而精细，农业因此非常发达。乳品加工业也是这一地区的传统产业，尤其是戈尔贡佐拉和贝尔皮斯出产的各种奶酪非常美味。

伦巴第大区向北一直延伸到阿尔卑斯山，离圣莫里茨非常近（从基亚文纳和松德里奥踩着雪橇就能滑到圣莫里茨）。加尔达河和马焦雷湖分别是伦巴第的东西边界。以湖岸建有富丽堂皇的别墅而闻名的科莫湖就在马焦雷湖的东面。

特伦蒂诺−上阿迪杰大区

特伦蒂诺−上阿迪杰大区拥有欧洲最秀丽优美的多洛米蒂山。穿越阿尔卑斯山最便捷的高速路也要通过这一地区的布伦纳山口。

直到 20 世纪初，此地一直归属于奥匈帝国。当时的奥匈帝国南及加尔达湖的最南部，在西部与伦巴第接壤，东部与威尼斯接壤。第一次世界大战以后，形势发生了变化：1919 年的《凡尔赛和约》把这部分土地划分给了意大利，于是形成了现在的特伦蒂诺−上阿迪杰大区，而阿迪杰则是从布伦纳流过来的一条河的名字。

这一切实在太复杂了——尤其是对南部的蒂罗洛人来说。这个大区享有高度自治权。多数蒂罗洛人保留着他们的奥地利和德国文化传统，你会发现很多人讲德语而不是意大利语。

威尼托大区

威尼托大区位于波河的出海口，向内陆延伸至伦巴第大区，环绕着威尼斯的潟湖和周围的岛屿。威尼斯的外围没有海的地方了无生气，到处被现代的城市氛围所包围。但是，布伦塔河沿岸的帕拉迪奥有不少新古典主义的别墅，维罗纳附近也有大量

教堂

的葡萄园，还有帕多瓦和维琴察都属威尼托大区管辖。

至于威尼斯，我们该怎么描述它呢？这是个接近童话的美妙世界——"是一首石头写成的诗篇，偶然地被历史写在了水面上。"还是引用亨利·詹姆士的话吧："把诗写到这里来是件绝妙好事，可是想要在诗里加上几个字，那可实在是轻率鲁莽之举。"

弗留利–威尼斯朱利亚大区

弗留利–威尼斯朱利亚大区东到亚得里亚湾的里雅斯特（詹姆斯·乔伊斯最喜欢的中欧门户），北部在阿尔卑斯的卡赫纳地区与奥地利和斯洛文尼亚接壤。这里的农业，尤其是果园和葡萄园出产的格拉巴酒是弗留利的主要产品。波代诺内出产一些轻工业产品。亚得里亚海湾沿岸建有大量的旅游度假场所。

法拉利跑车

艾米利亚–罗马涅大区

沿着德尔索勒高速公路（阳光公路）从皮亚琴察向东向南就到了

艾米利亚——这个名字取自于马库斯·埃米留斯·李必达，是他修建了伟大的罗马公路。这条建于公元前的大道直通帕尔玛（此地著名的有歌剧、奶酪和火腿）、摩德纳（这里有好吃的猪蹄、兰布鲁斯科汽酒和法拉利跑车）和博洛尼亚（以尖塔、欧洲最古老的大学和烹饪法而闻名）。

这个大区的首府是博洛尼亚，从城市的南面开始就是罗马涅。比较著名的城市有伊莫拉（摩托车赛场）、法恩扎（陶器）、弗利（家具）、切塞纳（恺撒·博基亚的领地）和被当地人称为意大利的拉斯维加斯的里米尼。这里还是费里尼的故乡。向东几英里的地方就是拉文纳，它是西罗马帝国的首都，也是基督教马赛克镶嵌工艺的发源地。从镶嵌画金光闪闪的底色上不难看出东方艺术对意大利的影响。

艾米利亚-罗马涅大区是我们在意大利北部游览的最后一个州，接下来的意大利中部之旅从托斯卡纳开始。

托斯卡纳大区

对很多人来说，托斯卡纳是意大利最令人着迷的地方。这里曾是伊特鲁里亚人的故乡（直到现在，还能从托斯卡纳人的脸上找到伊特鲁里亚人谜一般的笑容），这里也是欧洲文艺复兴的发源地，这里更是意大利南北交会处一个和谐的平衡点。

托斯卡纳的景色可谓是美不胜收。这里不仅有白雪皑皑的山峰和绵延起伏的丘陵，还有精心管理的农场和迷人的海滩。这里森林和耕地各占一半，这种平衡大概起源于当地矿物资源的平衡：岩石、黏土和大理石是最基本的矿物。在这里，文化所展现的是大自然的常态，一点都没有破坏自然的内涵。

佛罗伦萨

佛罗伦萨，绝美的石雕之城。这里的建筑物好像是从岩石上拔地而起，越往高层越精雕细刻。那些石材坚硬、沉稳，却又精美绝伦，令人心向往之。毫无疑问，建筑物凸现了佛罗伦萨作为意大利文化中心的地位，世界上还有哪个地方能汇聚如此多的建筑杰作呢？

锡耶纳

锡耶纳是什么样的呢？它是欧洲最后一座中世纪风格的古城。整个托斯卡纳地区就像一个大公园，公园里到处是美景：山上林木森森，山下峡谷通幽。而且在每座山上，要么是古老的村落，要么就是古堡或者教堂，被柏树林和橄榄树林围绕着，沐

> **阿西西**
> 阿西西，圣方济各的出生地，依然保留着中世纪的静谧与神圣。

锡耶纳大教堂

浴在阳光里。无论在哪里，无论从哪个角度看，这都是一幅14世纪意大利文艺最兴盛时期的风景画。在托斯卡纳乡村游览，品尝当地的美酒，再没有比这更令人心醉神迷的了。

翁布里亚大区

当我们向西进入翁布里亚之后，一个显著的变化就是颜色。绿色更浓了，这是因为橄榄树和浓密的树林取代了葡萄园，而且岩石也变得略带粉红色。翁布里亚被称为托斯卡纳的小妹妹，也被叫做意大利的绿都，这也许是因为它是意大利唯一的一个内陆大区。台伯河静静地流过特尔尼的中心地带，特拉西梅诺湖波光粼粼，湖面的银光让人仿佛走进了梦境（公元前217年汉尼拔就是在这里的湖岸上击溃了罗马军队）。

首府佩鲁贾既是文化中心又是工业中心，文艺复兴时期，在柏利奥王朝的统治下，它的历史充满血腥。托迪被伊特鲁里亚和古罗马城墙的遗迹环绕，到处是中世纪文化的珍宝。古比奥有些阴沉，孔索利宫坐落在这里。

马尔凯大区

亚平宁山脉向亚得里亚海倾斜的山麓和罗马涅大区南部就是马尔凯。从欧洲最古老的共和国圣马力诺起，到阿斯科利皮切诺止，它有100多英里绵延的海岸线。

尽管金色的沙滩上为游客而建的旅游设施很多，而且小型的工厂也随处可见，但是马尔凯的西部并没有受到外界太多的影响。大部分地区的地形以丘陵为主，高地的

第二章 风土和历史　23

> 最初皮西尼人定居在这里，公元 90 年在阿斯科利的战役后成为罗马的殖民地。后来这里归属教皇，成为教皇领地。因为此地是两国边界，德国人便把这里称作安科纳的马尔卡（marca，即边界之意），马尔凯因此得名。

山势连绵起伏，就像由低到高再由高到低的琴音一样。很多小镇建在峭壁之上，就像歌剧里戛然而止的高音。别忘了，这可是罗西尼的故乡［译者注：吉奥奇诺·安东尼奥·罗西尼（1792—1868），意大利作曲家，其创作的歌剧颇多，如《塞维尔的理发师》（1816）和《威廉·泰尔》（1829）等］。

在这儿，你能看到一片片耕地和树林连在一起。因为有亚平宁山脉的阻挡，这里虽景色迷人却未被世人所知（最近英国人好像已经发现了它的魅力）。乌尔比诺和洛雷奥是艺术和宗教的圣地。

阿布鲁齐－莫利赛大区

这两个自治区原来归属一个大区，它们位于马尔凯南部，处于亚平宁山脉山势最高的部分。作为国家公园，这是一片未被开垦的美丽土地。除了夏季，霜总是覆盖着绵延的群山。这里只有山谷里才能种植一些农作物。首府佩斯卡拉是个繁忙的渔港，附近也有些小型的工厂。

游客来这里主要是到亚得里亚海晒太阳或者到大萨索山滑雪，另外也可以顺便探寻一下古代牧羊人之路。

现在我们已经到了意大利的梅佐戈罗，也就是说意大利的南部。在这里，气候已经有了显著变化，比北部温暖很多。南部的意大利人明显带有地中海地区的特征，他们的行为举止和北部意大利人差别很大，这一点到了阿普利亚之后就更为显著。

意大利亚得里亚海海滨风光

> **史前遗址**
>
> 在阿尔贝罗贝洛有很多石头搭起来的圆锥顶房子，常让人想到史前时代的建筑物。

阿普利亚大区

如果说意大利的地图像一只长筒靴子，那么阿普利亚区就像用山做成的马刺一样嵌在靴子的后跟部分。这个狭长的大区沿着亚得里亚海从加甘诺自治区一直延伸到南部像靴子后跟一样的半岛。

作为南部最大的一个大区，亚平宁山脉和大海之间的阿普利亚平原也是南部面积最大的平原。这里一半的居民都以农耕为生，他们在平原上种植谷物、蔬菜、水果，还有几乎无处不在的橄榄树（有些饱经风霜的橄榄树树龄已有百年）。这里的葡萄园出产比较烈性的阿普利亚葡萄酒，烟草也是此地的传统作物。

平原的地表并不平坦，到处是连续不断的石墙，与其说这些石墙是为了标明土地的界限，不如说是为了清除土地里的岩石才把石头挖出来砌成了墙。只有在比较大的庄园里才能看到别墅或房屋，一般的农舍很难找到踪影，这是因为过去农民们为安全起见，居住地比较集中，但是离他们耕作的农田比较远。比较著名的城市有卢切拉，那里有威严的城堡（多是弗里德里克二世皇帝建造的）。特拉尼和莫尔费塔有罗马式教堂的遗迹，这两座美丽的渔港都在首府巴里的北边。

意大利乡村风光

巴里在十字军东征时就已经是一个很大的港口城市了，二战后它已发展成一座工业重镇。沿海岸线而下就到了布林迪西，这是亚壁古道（译者注：古罗马大路）的终点，也是通往希腊的大门。在意大利"长靴"形版图的鞋跟部分，东面的一侧有布林迪西，西面的一侧就是塔兰托。这是一座军港，有很多造船厂和修船厂。

葡萄架

巴西利卡塔大区

现在我们向西，到意大利"长靴"形版图的脚背部分就看到了南部最小的大区：巴西利卡塔大区。除了一小段平淡无奇的海滩之外，这里几乎都是山区。首府波坦察海拔914米，是意大利冬季最冷的地方。

这里荒凉、崎岖、草木丛生，跟意大利的其他地方比起来简直是天壤之别。这里的村落还保留着中世纪的遗迹（在马泰拉，有人还过着穴居的生活），农耕仅能果腹而已。当然一切都在往好的方向发展，但是人们能做到的仍然只是糊口而已。

卡拉布里亚大区

处在意大利"长靴"形版图的脚尖部位上的卡拉布里亚同样是多山的。阿斯普罗蒙特有2133米高，西拉吉安高原的海拔也很高。然而在绵延的高原、翡翠般的湖泊和密密的森林之外，它的海岸线竟然有着迥然不同的景观：柠檬树林、橄榄树林、艳丽的度假村，无一不散发着热带气息。

这里气候的差异实在令人惊奇。诺曼·道格拉斯曾写道：在山上他感受着从未经历过的严寒，而山下，人们却在逍遥地晒太阳。据说当地人的性格也有些像这气候，卡拉布里亚人通常都是兴高采烈的，非常随和，但是他们也经常无精打采，不负责任。

50年前这里疟疾流行，太阳下山之前人们都得赶快回到住的地方。能提供膳宿的地方几乎没有。现在，酒店、汽车旅馆和加油站一应俱全。一般来说，附近居民非常

> **回到古代**
>
> 在坎帕尼亚地区,可以到庞贝古城和赫克拉尼姆参观古罗马帝国遗址,看看当时的人是怎么生活的。

友善,像其他民风古朴的地方一样。

坎帕尼亚大区

卡拉布里亚北部的坎帕尼亚是意大利南部最富裕的大区。这里也是南部最色彩缤纷的地方:蔚蓝的天空、橙黄的柑橘、通红的番茄、黑色的胡椒、金黄的玉米地、青绿的橄榄林和棕色的葡萄藤蔓组成绚烂的图画。

著名的那波利的海湾有着完美的半月形状。卡普里和伊斯基亚等岛屿仿佛从色彩斑斓的海面上升起,维苏威火山有时还会冒出阵阵白烟。从风景如画的阿玛尔菲和波西塔诺再向南就是林木繁茂的旅游胜地索伦托。

那波利

在坎帕尼亚的首府那波利,市中心的街上到处是扮作哈利昆小丑(译者注:意大利喜剧中头戴面具、身穿各种颜色衣服的丑角)乞讨的人,孩子们则在挂满晾晒衣物的街道里窜来窜去(一定要看紧你的钱包)。这是个忙乱的城市,一片嘈杂,巴洛克式建筑物奇形怪状,可人们却都是兴高采烈的。虽然生活并不富裕,但那波利人仍然把笑容挂在嘴边。他们快乐的秘诀就是得过且过。那波利人好像什么都能做似的,他们有着旺盛的精力和强烈的个性。

现代生活的压力使那波利人养成爱冒险的习惯,甚至有时他们会做出出格的行为。所以,人们总觉得那波利是个危险的地方,一直以来都让人望而却步。

拉齐奥大区

拉齐奥得名于古代的拉丁尼族人,他们早在罗马共和国建立之前就定居于此。拉齐奥北起加埃塔海湾,南到托斯卡湿地,从翁布里亚大区南部沿亚平宁山脉一直延伸到莫利塞大区。

拉齐奥的色彩丰富,地形多变。它的沿海部分多为沙质海滩,所以只有奇维塔韦基亚一个港口。阿尔班火山脚下平坦宽阔的区域是坎帕尼亚-迪罗马地区。这里曾经被疫病侵袭，疟疾夺走了很多人的生命，所以现在这里也只居住着一些牧羊人。不过可别小瞧了这个地方，它可是古罗马的发源地呢。

罗马

罗马的周边有很多华丽而宏伟的建筑——甘多尔福堡、弗拉斯卡蒂、蒂沃利、阿德里亚纳别墅、枢机主教别墅等，真是数不胜数。但是，永恒之城——罗马才是主角。对游客来说，拉齐奥即罗马。

作为意大利最大的城市，罗马是政府所在地、教廷所在地，更是意大利那些错综复杂的官僚机构的所在地。罗马到处是公务员、外交官和神职人员，可是它最引人注目的是那些历史留下的珍宝。再没有哪座城市能够像罗马这样两个千年的建筑物如此和谐地共存在一起。

从意大利的最高权力机构议会大厦向周围望去，罗马帝国的遗迹静静地矗立着，罗马火车站和古罗马城墙融为一体，世界上最大的教堂——圣彼得教堂近在眼前，天使城堡——为哈德良皇帝建造的陵墓兼要塞现已成为城市历史最好的注脚。在罗马，你每天看到的古迹和艺术品不计其数，堪称世界之最。

到罗马去享受视觉的盛宴、感官的盛宴吧！1869年亨利·詹姆士在到达罗马的第一天就写道："终于，我第一次活得这么精彩！"可是，汽车和它们排放的废气正一点一点地毁掉这座浪漫的城市。今天，因为塞车和尾气使人们没法出门，甚至没法呼吸。在这个拥挤的城市里，罗马人毫无办法，只能在堵车时来杯爱斯普利索浓咖啡打发时光。

圣彼得大教堂

> **西西里之旅**
>
> 西西里就像一块颜色鲜艳的挂毯,把充满活力的地中海生活方式展现在你眼前。只要你有机会,一定别错过游览西西里岛。

尽管交通状况如此之差,但是只要你做好充分的心理准备,享受美好时光绝不是虚言。

到这里,我们已经走马观花般逛完了整个意大利半岛,别忘了,还有两个岛屿等着我们去参观呢。

西西里

这是整个地中海上最大、最美的岛屿。它就像一架大三角钢琴,被摆在了意大利"长靴"形版图的脚尖前面。最早是腓尼基人发现了它,随后统治她的是希腊人、罗马人、阿拉伯人、诺曼人、法国人(时间很短)、西班牙人,最后是波旁王朝,直到1860年加里波第击溃占领军,西西里已经历了无数次的朝代更迭和文化冲击。

这里的建筑混合着阿拉伯—基督式的圆顶、西班牙哥特式尖顶和奢华的洛可可式装饰,它们是那么与众不同、独具一格。希腊人在这里留下了伟大的神殿,以至于老话都说,想看希腊神殿就去西西里好了。从叙拉古的里奥克利特斯(译者注:写出所知最早集成诗的希腊诗人)到路易吉·皮兰德娄[译者注:意大利作家,以其戏剧最著名,如《六个寻找作者的剧中人》(1921)和《今晚我们即席演奏》(1930)。皮兰德娄于1934年获诺贝尔文学奖],西西里的作家用散文和诗描述历史,描写这座既动荡不安又令人陶醉的魅惑之岛。

太阳神庙

撒丁岛

尽管在地理位置上撒丁岛离西西里很近,可是这两座岛屿的文化差异却非常明显。撒丁岛几乎与世隔绝,即使到了近代它跟意大利本土的联系仍然很少。

撒丁岛上的居民主要以放牧为生。他们热爱自己的家乡,却非常害怕大海,因为他们认为大海是一切罪恶和麻烦的源头。如果想要找到与撒丁岛有些渊源的地方,可能只有西班牙的加泰罗尼亚(巴塞罗那)了。撒丁岛的文化和语言几乎没有受到意大利任何一个地方的影响,还保留着自己的传统。

恺撒大帝像

撒丁人朴素、壮硕,就像岛上内陆山区的风格一样。这里的饮食几乎不包含任何海鲜。仅仅是50年前,斯梅拉尔达海岸才被开发成国际性的旅游度假胜地。

历史

意大利有3 000年的历史,史学家的各种版本的历史著作,从一本薄薄的小册子(比如《意大利:旅游简史》)到专门记述托斯卡纳和马尔凯地区历史的大部头著作不一而足。这么长的历史、这么多的主题、这么复杂的背景、这么生动的事件,即便是想要大概了解一下都要花很长时间才行。

这里只是按时间排列了一些重大事件,不过是简单勾画个雪泥鸿爪而已。

公元前1000年	铁器时代和维朗诺瓦文化。
公元前735年	罗马建立。
公元前509年	塔垦士(傲慢王)被放逐,伊特鲁里亚人统治结束,建立了"共和制度的国家"。
公元前450年	罗马法典编撰完成。
公元前264年	罗马与迦太基发生了冲突,罗马占领了地中海的大部分地区。

公元前106年	雄辩家西塞罗出生，他是罗马共和国最后的领袖。
公元前73年	斗士斯巴达克斯领导奴隶起义。
公元前70年	诗人维吉尔诞生。
公元前44年	恺撒被一个贵族共谋者集团谋杀，集团的头目包括布鲁图什和凯西欧司。
公元前32年	罗马开始了与马可·安东尼和埃及女王克娄巴特拉的战争。
公元前27年	屋大维改名为奥古斯都，登上了皇帝的宝座，开始了罗马帝国时期。
公元193年	内乱时期：狄第乌斯·尤里安因为向执政官的禁卫军捐献最多而当上皇帝，但是到这一年的年底，军队又把谢普提米乌斯·塞维鲁推到了王座上，从此塞维鲁王朝开始。
公元313年	米兰赦令颁布，禁止宗教信仰上的歧视，这一法令标志着基督教徒赢得了胜利，从此不再遭受迫害。
公元330年	君士坦丁堡（拜占庭）成为帝国的首都，一个全新的罗马-基督教文明时代来临。
公元380年	基督教成为官方认可的宗教，其他异教被禁止。
公元402年	蛮族入侵：哥特人阿拉里克洗劫了罗马。
公元476年	西罗马帝国灭亡，罗马帝国逐渐开始由天主教统治。
公元568年	伦巴族人入侵。
公元600—800年	伊特鲁里亚人统治意大利中部和荷马时代的大希腊区南部。
公元800年	法兰克人把伦巴族人驱逐出意大利，作为回报，圣诞节那天教皇圣利奥三世封查理曼为罗马皇帝。

但丁像

第二章 风土和历史

公元952年	意大利成为德国的一个封地和神圣罗马帝国的一部分。
公元1097年	第一次十字军东征,戈弗雷(布永的)占领耶路撒冷。
公元1176年	弗雷德里克一世皇帝在莱尼亚诺被伦巴第联盟军队彻底击败,伦巴第各个城市同意臣服,但是根据1183年的《康斯坦茨和约》享有高度自治权。
公元1181年	方济会创始人阿西西的圣方济各出生。
公元1194年	弗雷德里克二世皇帝出生。他在西西里长大,一生中多数时间住在意大利南部。他的一生一直在不断地与教会斗争,而德国则不过是他与教皇作战时的人力和财力来源。人们赋予他"世界之奇迹"的头衔,在他那辉煌的宫廷,他本身就是一位诗人和科学家。1225年他建立了那波利大学,这是意大利第一所诗歌学院。
公元1200年	意大利的人口达到850万。
公元1265年	但丁出生。
公元1273年	威尼斯开始铸造达克特金币。威尼斯帝国建立。
公元1300年	第一个圣年。整个欧洲气候变冷,直至1800年才好转。但在16世纪时曾有过一段温暖的时期。此时意大利人口为110万。
公元1348年	黑死病蔓延,人口锐减到800万。
公元1377年	布鲁内莱斯基出生〔译者注:菲利波·布鲁内莱斯基(1377—1446),意大利建筑师,其作品在佛罗伦萨文艺复兴时期享有盛名。其杰作是佛罗伦萨大教堂的八边形肋骨穹隆〕。

查理一世打猎像

第二章 风土和历史

公元1434年	势力强大、从事银行业的梅迪奇家族开始控制佛罗伦萨,后来扩展到整个托斯卡纳地区,直到1737年才结束统治。梅迪奇家族的事业由科西莫·德梅迪奇巩固。梅迪奇家族为艺术家和学者所提供的开明赞助奠定了佛罗伦萨在文艺复兴中的领导地位。
公元1469年	洛伦佐·德梅迪奇成为家族、也是佛罗伦萨的第三代领袖,那时期,佛罗伦萨成为艺术和学识高度发展的城市。
公元1492年	热那亚的水手、探险家克里斯托弗·哥伦布成为第一个到达美洲的欧洲人。
公元1501年	为争夺那波利,法西战争开始。1504年战争结束,西班牙人取得胜利。
公元1520年	教皇利奥十世发表训令,指责马丁·路德和他的41条声明为异端。路德在威登堡烧掉教皇的训令,成立新教,开始宗教改革。
公元1530年	查理五世被教皇加冕登上神圣罗马帝国宝座,成为意大利的国王。
公元1545—1563年	特兰托公会议召开,旨在修正天主教和新教之间不同的教义,但是引发了反宗教改革运动,还成立了臭名昭著的(中世纪天主教审判异教徒)宗教裁判所。
公元1612—1617年	为争夺蒙费拉托,西班牙和萨伏伊的第一次战争开始。
公元1630年	米兰被意大利北部的瘟疫所侵袭。
公元1704年	法军入侵皮埃蒙特,但被奥地利军队赶走,奥军占领皮埃蒙特。
公元1733年	第一个共济会集会所成立于佛罗伦萨。
公元1735年	意大利最古老的报纸《帕

查理七世

公元1762年	尔玛报》开始印刷。 赫库兰尼姆城的纸草卷别墅重见天日（译者注：赫库兰尼姆，意大利古城，公元79年维苏威火山爆发，庞贝和赫库兰尼姆被火山喷发物淹没。1762年经考古发掘，纸草卷别墅内发现了加达拉的哲学家菲勒德莫斯的大量希腊文本）。
公元1796年	拿破仑的意大利之役。皮埃蒙特将萨伏依和尼斯割让给法国。法国又从奥地利人手中夺走了伦巴第和罗马涅地区，之后建立了威尼斯共和国。后来，根据《坎波福米奥和约》，拿破仑将威尼托和伊斯的利亚与奥地利人交换，奥地利承认法国与比利时合并，这条和约使莱茵河的左岸成为法国的天然疆界。
公元1805年	拿破仑将意大利从共和国变成王国，这一年他在米兰加冕为王。
公元1806年	拿破仑的兄弟成为那波利国王。
公元1815年	拿破仑的帝国灭亡之后，奥地利重新恢复了其在意大利的统治地位。
公元1848年	第一次独立战争。
公元1859年	第二次独立战争。在拿破仑三世的帮助之下赶走了奥地利人，收回伦巴第。后经全民公决，托斯卡纳和罗马涅区也归属萨伏依王朝。
公元1860年	加里波第率领一千红衫军击败那波利王国和西西里王国的军队，作为他们的后盾，撒丁国王维克托·艾曼努尔二世被推举为意大利国王。
公元1861年	经过全民公决，翁布里亚和马尔凯也同意加入意大利王国。3月17日意大利议会宣布，意大利成为君主立宪制国

加里波第头像雕塑

第二章 风土和历史

	家,维克托·艾曼努尔二世为意大利国王。
公元1865年	意大利首都由都灵迁至佛罗伦萨。
公元1870年	意大利终于从奥地利手中夺回威尼斯的管辖权。意军从庇亚城门攻入罗马,终于将罗马收回。
公元1871年	迁都罗马,意大利统一大业完成。教皇的权力被限制在宗教神学范围内。
公元1882年	左翼力量不断扩大,投票人数从60万增加到200万。社会主义党派的代表进入议会。
公元1889年	索马里成为意大利的殖民地。
公元1895年	在埃塞俄比亚作战失败,但意大利占领了厄立特里亚。
公元1901年	人口普查显示人口达到33 778 000人。
公元1909年	社会党在大选中获胜,议会设立天主教代表,其中一位代表曾当过神父,但被教皇驱逐出教会。
公元1912年	21岁以上有读写能力的公民普遍享有投票权,有投票权的人数上升到800万。
公元1915年	意大利加入协约国参加第一次世界大战。
公元1919年	《凡尔赛和约》签署,阜姆(译者注:南斯拉夫西北部港市里耶卡)问题悬而未决,达南齐奥和一些志愿者占领了该市。
公元1921年	意大利共产党在葛兰西的领导下成立。
公元1922年	3月,墨索里尼的法西斯党在罗马游行。意大利国王维克托·艾曼努尔三世要求墨索里尼建立新政府。
公元1925年	墨索里尼开始独裁统治,其他政党逐渐瓦解,反对言论被钳制,葛兰西被判处终身监禁。
公元1929年	墨索里尼和红衣主教加斯帕里签署《拉特兰协定》,结束了意大利和教会的争执。从此梵蒂冈建国,天主教成为国教,在学校中教授教义。
公元1939年	墨索里尼占领阿尔巴尼亚。
公元1940年	墨索里尼向法国和英国宣战。
公元1941年	德国和意大利向美国宣战。意大利帝国实质上已经完结。这年5月,英军占领厄立特里亚和埃塞俄比亚,海拉·塞

	利斯夺回王位。
公元1943年	议会任命佩特罗·巴多格里奥将军取代墨索里尼组成临时军事政府。墨索里尼被德国伞兵救走，在加尔达湖的萨洛组建临时政府，实际上由德军控制。同年巴多格里奥将军向德国宣战，美国和英国军队进驻西西里。
公元1944年	盟军在安齐奥登陆，德军向北部撤退。
公元1945年	墨索里尼在化装成德国士兵逃跑时被擒并被处决。
公元1946年	通过公民投票建立意大利共和国，翁贝托二世国王流亡海外（12 717 923票支持建立民主国家，10 719 284票支持建立君主制国家）。
公元1948年	大选的结果是右翼的基督教民主党和其他小党派的联盟获得48%的选票组成政府，共产党和社会党获得30%的选票。
公元1955年	意大利加入联合国。
公元1960年	"意大利奇迹"：10年间国民生产总值增长了47%。
公元1978年	基督教民主党总统阿尔多·莫罗被"红色旅"绑架并惨遭杀害。
公元1981年	联合政府任命乔瓦尼·斯帕多利尼为总理，这是意大利建立共和国以来第一位非基督教民主联盟的总理。当年人口普查显示人口达到56 566 991。
公元1984年	教会与政府之间达成新的政教协约。
公元1986年	社会党总理克拉克西于任职1 000天后辞职，他是战后任职时间最长的总理。
公元1993年	"净手运动"开始。
公元1998年	新移民法案实施。当时有1 100 000外国人和350 000非法移民生活在意大利。
公元1999年	欧元启用（1欧元=1 936.27里拉）。
公元2001年	贝卢斯科尼当选意大利总理。
公元2003年	外国人人数达到1 990 159，非法移民人数达到500 000（数字来源于ISTAT政府统计办公室）。
公元2005年	教皇保罗二世去世，他于1978年当选为教皇。

第三章

人民

"到意大利来的旅行者,也许是来研究乔托如何对人类的表情和动作进行更自然的表现(译者注:乔托,佛罗伦萨画家、建筑师和雕塑家。被认为是文艺复兴之前意大利最伟大的画家),或是想看看教皇制度的腐化程度。可是当他回到家里时会发现,他印象中的意大利除了蔚蓝的天空,就只剩下了天空下的人——意大利的男人们和女人们。"

——埃(德加)·摩(根)福斯特(E.M Forster)
(译者注:英国小说家)

家庭关系

意大利人很看重自己的出生地,他们谈到自己时,总是会说我是某某村人、某某省人、某某大区人。不过首先或者说最重要的是意大利人对自己的家庭绝对忠诚。

传承古罗马部族精神的现代意大利家庭如今已成为文化的中坚。家庭关系的稳固与平衡造就了国家的稳固与平衡。意大利实在有着它自相矛盾的特点:它的各个大区之间差异如此之大,以至于文艺复兴史专家法奇说,这简直就是把一大串独立松散的共和国绑在了一起。从政治角度来看,二战以来政府更迭,几乎到了每年一次的频繁状态,可是意大利却仍然维持着相对的和谐与稳固。

毫无疑问,问题的答案就是稳定而可靠的家庭关系。意大利的家庭通常由父辈掌管,多是三代,有的甚至是四世同堂,亲属之间的关系也非常紧密(过去一个世纪,黑手党也是利用了家庭这种形式以保证其组织的稳固性)。一般来说祖父是家里地位最高的人,同时掌管着经济大权。他的权力一般都会移交给长子。为强调家族的延续性,长孙的名字通常跟祖父一样。家族的地产和手艺代代相传,长子继承父业,其他的儿子可以自由选择职业。在遗产继承的问题上,儿子,尤其是长子获益最大,女儿则处于附属地位。女儿出嫁当然要准备一份嫁妆带到夫家——这也是男人地位的体现。其实整个家庭的大小事务还是由母亲来料理的。

孩子结婚之后,仍然跟父母住在一起。在一个典型的意大利家庭里,所有家庭成员都住在一栋房子里,只是用不同的房间把几代人分了开来。

在意大利,常常能看到只由某个家庭经营的店铺、酒店或者公司,连一个外人都

快乐的一家子

意大利传统住宅

不雇用。

无论是过去还是现在,无论相隔多么遥远,意大利的亲情纽带都非常紧密。家人们喜欢周末相聚,也经常一起吃饭。团结和亲情就是他们的力量。

新型的家庭关系

20世纪60年代,突然之间一切都变了:新型的家庭关系取代了原有的家长式的家庭关系,它所带来的影响现在还无法估量。尽管家庭成员不再像以前一样全部住在一起,但祖父母仍会帮忙照看孙辈,家庭关系的纽带仍把分散居住的家庭成员紧紧地联系在一起。

对只包括父母和子女的小家庭而言,一个人的薪水显然不够用。于是女性开始从家庭中走出来,到社会上工作。这就给女性带来了前所未有的权利和地位,虽然这也意味着她们要同时担负家庭和社会的双重责任。此时左翼党派和知识分子阶层也大力倡导女性的平等权利。尽管遭到教会的反对,但是通过公民投票终于在20世纪70年代通过了允许离婚和堕胎的法案。

喜欢用统计数字说话的人可以看到这样一组数据:人口5 800万,离婚男性约2 750万,离婚女性约50万。2003年意大利有220万个家庭,平均每个家庭有2.6人。单亲家庭数目也很多。2003年的调查显示,25.4%的家庭只有一个家庭成员,而在1995年只有21.1%的家庭只有一个家庭成员。只包括父母和子女的小家庭在2003年达到了40.8%。没有孩子的丁克一族夫妻只占家庭总数的19%。意大利的法律规定男女平

> **友谊的艺术**
>
> 跟意大利人交朋友时要记住,持久和尽义务很重要。所以不妨先从普通朋友开始,慢慢了解之后再做好朋友,随着时间的推移再过渡到真正的铁哥们儿。

等,但社会风气仍然是男性占优势。

那么,以前那种五六个人组成的意大利家庭还有吗?调查显示,2003年这种曾经很典型的家庭结构只占家庭总数的6.8%;而10年前,这个数字是8.4%。

友谊

有一句意大利谚语说:"找到朋友的人就等于找到了宝藏。"还有一句格言说得好:"亲戚不管好坏你只能接受,朋友可要好好选择。"两句话仿佛都在强调即便像意大利人这样友好开朗,也难觅朋友。

在意大利,朋友的地位就像家庭成员一样。朋友意味着完全地支持你、接纳你的人,在你需要的时候永远都在你身边的人。友谊需要时间的考验,就算你们相隔再遥远,也隔不断源源不绝地爱。

意大利情人

要是报纸杂志上的报道能让人相信的话,现在的意大利情人跟他们以前给人的印象大相径庭。年轻人早已不再以罗萨诺·布拉奇或是马萨罗·马斯特罗阿尼为榜样了。

在咖啡馆里或大街上,从前那些浮华炫耀的花花公子早已不再神气活现。社会心理学家认为,这是因为男人们已无法找到他们所向往的女性特质——温柔纯洁时如圣

情侣

母玛丽亚，狂野开放时又要像个娼妓，文雅点儿说就是体贴柔顺又不需要负责任的性伴侣。

坚信平等同权的意大利女性似乎成了男人们的最大难题，当然饮食和健康同样困扰着他们——胆固醇、血糖等都要时时注意。但是尊重女性的传统习惯仍然保留了下来，比如见到有女性进来要起立迎接，帮妇女开门，等等，两人约会一般也都是男性付账。

在近期的《大都市》杂志上，阿万登和莫利建议道：鉴于意大利男人像青春少年一般的特质（他们思想极浪漫，对母亲又有一种天然的依恋感），最好的解决办法就是爱他们然后再离开他们。不过，有调查显示，在意大利有超过50万人的婚姻属跨国婚姻。

传统的重要性

查看一下意大利的日历，很多月份都是以异教神来命名的，例如：Gennaio（一月）是以两面神杰纳斯（译者注：古罗马门神，被描绘为有分别朝向相反方向的两个面孔）命名；Marzo（三月）是以战神玛尔斯命名；May（五月）因迈亚（译者注：希腊神话普勒阿得斯七姊妹中最大的那位）而得名；June（六月）代表朱诺（译者注：罗马万神庙里最主要的女神，朱庇特的妻子亦是其姐姐，主司婚姻和妇女的安康）等。一个星期的每一天也是这样，比如：Lunedi代表月亮神；Martedi代表战神玛尔斯；Mercoledi代表赫拉克勒斯（译者注：宙斯与阿尔克墨涅之子，力大无比的英雄，因完成赫拉要求的十二项任务而获得永生）；Giovedi代表朱庇特（译者注：统治诸神、主宰一切的主神，古罗马的保护神）；Venerdi代表维纳斯（译者注：爱和美的女神）；Sabato安息日是犹太-基督教的传统；Domenica是主日，代表基督教的上帝。

所有这些神明既有古代星象传说中的神，又有异教的神，犹太教和基督教中的神当然更多。在意大利，一周的开

日历

始是星期一，结束则是星期天。这无疑是受到基督教《圣经》的影响，足见宗教传统对意大利影响之大。

节日、圣徒和年的循环

随着基督教的圣人取代了对异教神的崇拜，圣徒们在年历中占据了自己的位置。在意大利的年历中你能看到每一天都属于某个或多个圣徒或捐助人。圣诞节取代了古罗马庆祝太阳升起的节日。复活节（译者注：纪念耶稣复活的基督教节日。这个日子是3月21日或其后月满之后的第一个星期天）和圣灵降临节（译者注：复活节后第七个星期日，纪念圣灵降临，门徒中间也作Whitsunday）要按照阴历来计算，这比现在的太阳历历史要久远得多。古罗马以竞技庆典为主的节日也早已改为基督教的圣母升天日。

圣徒

每一种行业和职业都有自己的代表圣徒或叫做主保圣人，比如农民崇敬圣伊斯多罗，医生敬拜圣考斯玛和圣达米恩，广告商要纪念圣伯纳迪诺，摄影师尊圣韦罗尼卡为自己的守护神，木匠是圣约瑟夫，而摩托车手就要圣克里斯托夫保护了。

不是所有的意大利人都相信圣徒，这在某种程度上也是一种异教崇拜。这些习俗就好像是我们的世界和天上的世界之间的一座桥梁，我们希望通过它们得到些神的眷顾。人们一般在匾额上刻上圣徒的故事，或者在壁画里再现圣徒救人的情景。

还有些圣徒是保护我们身体的，比如：圣卢西亚保护眼睛，圣布莱萨保护喉咙，圣阿加莎保护妇女的乳房，圣多米尼克是保护牙齿的，隐士圣安东尼是动物的守护神。

守护神也有地域区别，比如：在阿普莱拉，圣多纳托保佑癫痫症患者，圣玛可帮助耳朵

浮雕：《圣徒》

维罗纳《圣母子壁画》

疼的人,圣玛瑞娜治头痛,圣保罗能帮助被狗咬伤的人恢复健康,圣潘塔利奥掌管红疹的治疗,圣凡娜其奥治风湿病,圣洛克是瘸子的守护神,圣安东尼奥和圣利波莱托可以帮助被魔鬼附身的人脱离苦海。每个城市、小镇甚至村庄都有自己的主保圣人:米兰——圣阿姆布罗斯、那波利——圣吉纳罗、威尼斯——福音传道者圣马可、热那亚——圣乔治、巴勒莫——圣洛萨里亚、佛罗伦萨——施洗约翰、阿西西——圣方济各、锡耶纳——圣凯瑟琳、巴里——圣尼古拉斯等。

一年中的节日

一年中有很多节日。首先是冬至和昼夜平分点春分或秋分——在12月、3月、6月和9月的这些节日非常古老,都与农耕有关。基督教的节日一般都有很多活动,像盛装游行、宴会、游乐项目等。

住在国外的意大利人在传统的节日一般都要回家,这样做增强了家庭的联系,在全球化的今天显得尤为重要。

民族自豪感、宗教影响和需要社会与地域的认同感是意大利人爱过节的原因,这些节日从罗马帝国或者文艺复兴时期延续至今,几乎都没有什么改变。

在帝国时代,每年有182个节日,就像俗语所说:"意大利什么多?领袖多、节日多、风雪也多。"以下我们来简单介绍一些。

节日

3个世纪以来,法定的新年是1月1日,但是传统上意大利人的新年是圣诞节到主显节之间的12天。传说1月5日主显节的那一天会有一位叫作碧法娜的老太太骑着驴子向小朋友派发礼物,孩子们会在前一天准备好袜子放在壁炉边上等着她的礼物。

主显节的晚上,"必法尼"——孩子们扮演的老年人——挨家挨户去祝人们新年快乐,并索要礼物作为回报。这个习俗有点像盎格鲁–撒克逊人过的鬼节,但是在意大利这更像是为了纪念祖先。

大家互赠礼物的这种习俗其实跟商业行为有关,假日和1月份的打折甩卖更激发了人们的购物热情。

狂欢节

狂欢节是社会动荡之后人们恢复生机和活力的一种方式。现代的狂欢节脱胎于古罗马的农神节(译者注:古罗马的连续7天的节日,从12月17日开始),也可能与中世纪时因圣地被面具和猥亵的欢歌所亵渎的愚人节有关。想象一下文艺复兴时佛罗伦萨的梅迪奇家族举办的狂欢节吧。马基雅弗利(译者注:意大利新兴资产阶级思想政治家、历史学家)就曾描述过当时的盛况,他认为狂欢节的目的是使城市更富有、使贵族更加受到尊敬、使民众更加平静。

春节煎饼周

狂欢节这样的功用在巴洛克时代(译者注:约1550年到1700年间)的罗马也同样适用。18世纪卡萨诺瓦〔译者注:卡萨诺瓦(1725—1798),意大利冒险家,以所写的包括他的许多风流韵事的《自传》而著称〕时代威尼斯的狂欢节更加优雅精美,但是也更为堕落,以致被称为好色之徒狂欢节。1787年到1788年间曾经历过罗马狂欢节的歌德曾说过,狂欢节就像是生命本身,他写道:"只有在放荡荒唐的行为中我们才能享受到自由与平等。"

今天,几乎每个地方都有狂欢节。在威尼斯,色彩缤纷的面具和美轮美奂的建筑交相辉映,水中的倒影把威尼斯变成了万花筒。在维亚雷焦和圣雷莫,狂欢节的主题从政治、生态、和平到战争应有尽有。在伊夫雷亚,狂欢节上年轻人们会用橘子来一场激烈的战斗。

要是想去有古代农神节那样祭祀仪式的狂欢节，你得到小地方，比如图法洛或者莫利塞等地区。

这种狂欢节上会有一个审判仪式，在乐曲声中，人类的罪恶受到审判，人们焚烧代表原罪的稻草人，就像费里尼的电影《当年事》里描述的一样。

在复活节前40天的斋戒时期之前，人们都要尽情狂欢（叫做Mardi Gras，意大利语叫做Martedì Grasso）。但是从斋戒日的零点开始，人们要为复活节的到来而忏悔，意在把平时所犯的罪清除出去。斋戒期只有中间的一天有点意思。这一天里举行的仪式叫做萨加拉维奇亚（Segalavecchia），意大利语"看那个老太太"的意思。人们用稻草扎一个老太太的样子，把它一剖两半，从它的肚子里滚出来好多好东西——糖果、香肠、鸡蛋等——这是为了庆祝大地回春，感谢造物主的慷慨馈赠。

复活节

跟很多宗教一样，基督教徒为纪念耶稣复活的一系列礼拜仪式在复活节达到了顶峰。除了耶稣受难日（译者注：复活节前的星期五），很多中世纪时盛行的苦修者游行的仪式仍然保留了下来，例如，在卡拉布里亚的下切诺拉和坎帕尼亚的瓜尔迪亚-圣弗拉蒙迪，苦修者鞭笞自己或沉溺于血腥的献祭活动以报偿耶稣的受难。

其他一些复活节的活动包括（多在西西里）上演耶稣进入耶路撒冷的故事或耶稣被钉死在十字架上的情景。在特拉帕尼（译者注：意大利西西里岛西北岸港市），有关于耶稣神迹的游行，另外在普里兹还有"魔鬼的舞蹈"。

复活节的最后节目是人们兴高采烈地寻找带来惊喜的复活节彩蛋（代表生命本身）、吃羊肉大餐（献祭的动物）。按照传统，复活节后的星期一是人们外出野餐的日子，整个复活节也在欢乐中结束。

复活节彩蛋

春天

5月是庆祝万物复苏的季节，现存的很多风俗都带有旧时的痕迹，赞美大自然给予人类的力量。Cantar maggio，意即旅行者的小夜曲或五月之歌，由青年男女吟唱。剧院用音乐和舞蹈表现古老的史诗（在托斯卡纳和艾米利亚的山区非常流行）。从青年中各选出一位五月之王和王后，这也可能是现代选美和健美比赛的前身呢。

不仅仅是5月得名于古罗马的迈亚女神，在意大利语里她的宠物——小猪，也因她而被叫做迈亚拉。后来传说5月结婚会带来吉祥，所以5月里的婚礼特别多。

春天里的其他庆祝活动还有"跳舞的塔"，这个活动有很强烈的异教色彩。在古比奥，成百上千的朝拜者把3个巨大的叫做"塞利"的机器拉到山上的圣乌巴尔多长方形教堂——古比奥主保圣人的埋葬之地。

这些虔诚的宗教祈祷活动还在很多地方流行，比如，在拉齐奥的维泰博和坎帕尼亚的诺拉等。还有在巴西利卡塔，有一雌一雄两棵树的树干优美地交织在一起，人们在春天举行"树木的婚礼"，这种习俗可以追溯到古代人们的万物得到天神赐福的强烈愿望，即便是被基督教认为是阴险而伪善的动物蛇也能受到保佑。

在阿布鲁齐区的科库洛5月的庆典上，5种不同的蛇由驯蛇人指挥在修道院的圣多米尼克的雕像周围表演。修道院的圣多米尼克是帮助被蛇咬伤的人恢复健康的主保圣人。

夏季

夏季是城镇庆祝自己的"城邦日"的季节，人们好像回到旧日的黄金时代，那时各个城邦都比现在富有，也更高尚（至少他们自己是这么认为的）。庆祝活动包括一

威尼斯竞舟大会

> 像在阿斯科利和弗利根诺一样，阿雷佐镇的居民组成不同的联队举行比赛。比赛一般在盛装游行之后。这些比赛起源于十字军东征时期基督徒和摩尔人的战斗。游戏比赛中最后擒获摩尔人国王的一方获胜。

系列的盛装游行、集市、游艺、模仿秀、马术比赛、射击比赛、马上比武等项目。

在佛罗伦萨，庆祝活动的高潮是一种球类比赛，该球类比赛有些像橄榄球、美式足球、英式足球和格列柯–罗马式摔跤的混合体。

在比萨，最重要的活动是中世纪延续下来的争夺桥梁控制权的游戏。两队人分别从桥的两头向中间进攻，哪一队控制了整座大桥，哪一队就胜利。

威尼斯有世界闻名的赛舟大会，各种用手划的船都可参赛。最近，新的比赛还在四个"航海共和国"——热那亚、威尼斯、阿玛尔菲和比萨之间举行。

但是所有这些夏季庆祝活动中最吸引人的要数派利奥比赛，即著名的无鞍赛马。每年7月2日和8月16日在锡耶纳举行。在人们穿着传统服装游行过后，骑手要骑在没有马鞍的马上绕市中心广场三周。按照中世纪的习俗，选手们也不能用缰绳，比赛的难度很大。

各地的食品节

夏季的意大利，各地都纷纷举办土特产节——虽然准备得不像其他节日那么精心，但都是以推介当地的特产为目的。这样的节日数不胜数，这里只是列出其中的几个：

伊赛尔尼亚（莫利塞大区）：洋葱节——6月28~29日

维亚达纳（伦巴第大区）：干熏火腿、甜瓜和葡萄酒节——7月

卡马斯特拉（西西里）：面包节（面包做成人形，有胳膊、腿、手和脚）——6月28~29日

阿丽西亚（拉齐奥大区）：烤全猪节——7月第一个星期一

洋葱

佩斯基奇（阿普利亚大区）：橄榄油节——7月20日
里波尔诺（托斯卡纳大区）：料多味美的浓鱼汤节——7月第三个星期天
泰格利亚（伦巴第大区）：面食节——7月最后一个星期天
西萨（艾米利亚-罗马涅大区）：西瓜节——7月最后一个星期天
蒙特波齐奥（罗马）：杏树节——7月最后一个星期天
诺托（西西里）：冰激凌节——8月
蒙特费阿斯科恩（拉齐奥大区）：葡萄酒节——8月
皮维帕拉格（罗马涅）：黑莓和蓝莓节——8月
甘多尔夫城堡（拉齐奥大区）：桃子节——8月
萨尔塔拉（马尔凯大区）：甜食蜜饯节——8月
费利托（坎帕尼亚大区）：弗希里面食节——8月
卡姆波菲罗恩（马尔凯大区）：卡皮利尼面食节——8月中旬
阿玛特里斯（拉齐奥大区）：阿玛特里希纳面食节——8月第三个星期天
考尔特米利亚（皮埃蒙特大区）：榛子节——8月最后一个星期天
圣丹尼尔（皮埃蒙特大区）：干熏火腿节——8月最后一个星期天
安格利（坎帕尼亚大区）：西红柿节——9月
卡马纳拉（皮埃蒙特大区）：甜椒节——9月
布多亚（弗留利）、塞拉（皮埃蒙特）和阿米亚塔山上的圣菲奥拉（托斯卡纳）：在9月都有蘑菇节。

意大利冰激凌

有的地方的食品节很有特色，比如，在马尔凯的圣乔治亚，人们用直径4.572米的大锅炒乌贼鱼，然后免费分发。在5月的节日里，利古里亚的卡摩格力也像《格列佛游记》里大人国的人们一样，使用大锅烧制小鱼。拉瓦格纳（也位于利古里亚）甚至在8月中旬的夏季节日里烤出5.7912米高的大蛋糕。

各地的节日活动都欢迎旅行者，甚至还有很多措施鼓励旅行者在节日的时候参观游览。不过，请记住这些节日都只是显示在地方日历上，用红字表示。即便没有游客，当地人也会兴致勃勃地准备他们自己的节日活动。

政治性的节日活动

最近几个世纪，各个政党总会在夏季举行一些活动，为他们的候选人造势。基督教民主党有阿米西齐亚节，共产党有乌尼塔节，社会党有阿万特节。

20世纪70年代和80年代这些集会活动在全国各地兴起，后来在各个大区的首府或重要城市逐渐开展起来，最后全国性的集会越来越多，达到高潮。这些集会逐渐演变为一种新型的节日庆典，不仅有文化活动、电影展映，还有美食佳肴为政治服务。

但是这些政治性的节日庆典到底有多大作用实在让人怀疑，据统计，过去一些年，只有40%参加活动的人是各个党派的党员。

秋季

夏季各种节日结束的时候，意大利又迎来了秋季的足球联赛。有人说足球联赛是意大利人节日狂欢的极致体现，因为它有竞技、有明星、有仪式，既可以严肃地参与，又可以热烈地庆祝，还不时有危险的暴力刺激。剧作家尤金·埃欧尼斯库认为，歌剧和足球必然有光明的前途，因为它们都是"无

意大利足球

> 意大利人相信有些事会带来坏运气，但如果处理得好则可以消灾。比如，要是你打破了镜子，一定要把碎片扔到流动的河水里。如果你把盐碰洒了，要抓起一点从左肩向后扔出去，而且要扔三次。要是你把酒弄洒了，那就干杯吧，好运气会随之而来。在意大利南部，习俗有所不同，要是弄洒了酒，应该蘸点洒掉的酒摸摸耳朵后面。

用的必需品"。足球让意大利人从地域、国家甚至国际上获得了认同感，他们在自己家里，或坐在体育场里就能舒舒服服地观看与世界杯相同级别的赛事。

说到这里，我们已经到了一年的最后时刻。到了除夕，人们吃大餐，参加各种聚会。显而易见，又一轮节日消费来临了。

迷信

从古至今，意大利人和其他地方的人们一样，相信流传已久的迷信说法。虽然大部分意大利人都说自己不迷信，可他们会为了赶走坏运气而摸铁器（就像其他地方的人摸木头一样），或者摸摸红珊瑚做的角，甚至相信摸睾丸也能避免将要到来的危险。

看见黑猫会有坏运到来。能带来好运的有：瓢虫、四个瓣的三叶草、七条腿的蜘蛛、三个瓣的胡桃（一般都是两瓣）。还有如果在地上捡到硬币也会有好运气。

瓢虫

会给你带来坏运气的事有：从梯子底下走过去或13个人坐在一起（源于耶稣与12个门徒最后的晚餐的故事）。13被认为是个不吉利的数字，所以一般宾馆、酒店都没有13号房间，甚至没有第13层。

古罗马时，有些日子是凶日。比如，如果13号又碰巧是星期五，或者17号是星期五都是不吉祥的日子。古谚都告诫人们星期二和星期五不宜结婚、出门、开始做新的项目等。

其他不吉利的事还有在床上放帽子、

枪支

脚对着门睡觉（因为尸体放置的位置就是脚对着门）等。

丑恶的社会现象

毒品

即使意大利的毒品问题还没有像某些西方国家那样到了要与毒品作斗争的严重程度，但毒品在青年人中的泛滥程度仍很严重。2003年的法律开始规定拥有毒品触犯刑律，这标志着政府开始了打击毒品的行动。2004年，法庭处理了32 159件因毒品买卖和使用而被判有罪的案子。2003年时有60 000人次接受了公共或私人的戒毒中心的治疗。这一年被查获的毒品共计19 000公斤（41 887磅）。

黑手党

黑手党的由来可上溯到西西里被阿拉伯人和诺曼人侵占的时期。外国人的压迫和严苛的统治使当地居民不得不建立自己的地下组织，并奉行自己特有的法律体系。

19世纪后半叶，西西里移民把被他们称为"科萨诺斯特拉"的内部组织概念带到美国东部（爱尔兰黑手党也是如此）。不幸的是，在美国，这样的内部组织演变为带有浪漫色彩的犯罪组织。后来，这种有组织的犯罪形式又被带回其发源地。在那波利，与"科萨诺斯特拉"相似的组织叫做"卡莫拉"；在卡拉布里亚大区，叫做"恩德兰合塔"；在阿普利亚大区，叫做"萨科拉克里纳尤尼塔"。

所有这些组织的宗旨都是通过暴力和贿赂等手段获取权力和金钱。例如，20世纪80年代，每年每1万人中杀人犯的平均数量在黑手党控制的地区为：那波利5.91人，巴勒莫6.8人，卡拉布里亚18.67人。而同时期其他地区这一数字要少得多，像米兰（虽然也有一些黑手党活动），它的年平均值仅为1.37人。

黑手党并不是一个全国性的统一的犯罪组织，它在不同地区有不同的家族掌管。黑手党的犯罪形式有很多，从毒品到内部争斗，甚者还危害国家法律和秩序。1982年达拉奇萨将军遇害和20世纪90年代初法尔孔法官和波塞利诺法官遇害都是黑手党所为。除了毒品交易，黑手党也涉足公共工程，其他犯罪行为还包括在国内和国外洗钱等。

最近曝光的前黑手党组织成员的供词表明，黑手党与很多高官和政党领导人都有联系。他们通过为候选人拉票作为回报，在西西里这种情况尤甚。不过近些年来，打击黑手党的斗争取得了一定的胜利。在一些大型的公审中，依靠前黑手党组织成员的供词，好几个黑手党的大老板被绳之以法。2004年共有5 598件涉及黑手党的案子被判有罪。

西西里岛锡拉库萨大教堂

第四章

社交礼仪

"在意大利碧蓝碧蓝的天空下,我们一起看海天一色。"

——珀西·比希·雪莱(Percy Basse Shelley)

服饰

像法国人一样,意大利人天生会穿衣打扮,他们风度翩翩而且优雅时尚。意大利人喜欢高级成衣和休闲运动结合的服饰。意大利设计师设计的服装出口到世界各地,为国家带来大量财富。米兰、佛罗伦萨是时尚之都,科莫的丝绸和佛罗伦萨的皮革闻名世界。现在,人们的穿着更为随意。当然,去教堂时,为表示虔诚要穿正式的服装,至少妇女要穿正装,男士要穿长袖衬衫和相配的皮鞋。还有女士要用帽子遮住头,但男士应该脱帽。

如果有人邀请你一起吃午饭,赴约时你要穿西装外套,打领带。如果是吃晚饭,可以穿深色西装。不过,与其他地方相比,意大利人的穿着并不是特别的正式。

需要穿礼服的机会并不是很多,而且会事先明确通知(晚礼服可不太好租)。一般这样的时候,妇女要穿上正式的长礼服,戴上最好的首饰炫耀一番。鸡尾酒会上女性一般穿短裙,男性着外套、系领带。实际上除了极其正式的场合,其他场合男士都可以穿深蓝色的对襟运动上装、炭灰色长裤(上午穿蓝色衬衫,晚上穿白色衬衫,游乐会上可以穿浅色裤子)。

同样道理,参加大部分社会活动时女性可以在白天穿浅色的套装,鸡尾酒会上穿优雅的短裙,晚上要有一件晚礼服。十几岁的少年跟世界上所有的孩子一样一般穿牛仔裤、衬衫和运动鞋。意大利的小孩子穿得就像小大人——跟大人穿一样的衣服,像是微缩模型。

在佛罗伦萨的杜嘉班纳服饰专卖店

第四章 社交礼仪

珠宝

意大利的珠宝久负盛名。罗马的宝格丽、米兰的布契拉蒂，还有阿雷佐的乌诺-埃阿都是有名的珠宝品牌。在佛罗伦萨维吉奥（旧）桥上众多的金匠店铺都出售做工精美的金饰（金饰品都是18K，你可以自己计算和比较价格）。

珠宝

宝石代表的含义

宝石都有自己所代表的意义，意大利人认为：

水晶／银／与月亮有关＝纯洁、透明

珍珠／铜／与金星有关＝贞节、神秘

钻石／金／与太阳有关＝完美、光辉

翡翠／铁／与火星有关＝勇敢

红玉／锡／与木星有关＝繁荣

绿松石／铅／与土星有关＝长寿

优雅的意大利女人一般都戴一个戒指、一个手镯、一条珍珠项链或一条金项链，外加一对耳环。不管是在平时还是在重要的场合，她们都不戴太多的首饰。这是她们的传统，而且常言道，独粒的钻石不需要其他东西陪衬也会一样引人注目。

男人们只戴金项链和一块手表、项链坠或是十字架或是自己的主保圣人。有人也会戴一枚戒指或右手腕戴一个金手镯，不过要尽量避免看起来太俗气。金袖扣和昂贵的手表只有在晚宴或特殊的场合才用得上。年轻人都喜欢戴夸张的人造珠宝，不很贵但却引人注目。

在重要的场合，人们常用珠宝作为礼物。比如，过生日时金子或红珊瑚饰品是很好的礼物；洗礼时，金链子很不错；18岁的礼物是一块金表；订婚时要送给未婚妻独粒钻石戒指，给未婚夫的礼物是戒指或袖扣；结婚时新娘和新郎的礼物是金戒指；给生第一个孩子的新妈妈的礼物是胸针；结婚纪念日的礼物多是钻戒（10年、20年、25年等）。

接受邀请

受邀到意大利人的家里吃晚饭是莫大的荣幸，这表明你们之间的深厚友谊，因为一般意大利人不会在家里招待熟人，只是请他们到餐馆去而已。所以一定要准时，还要带上一束花或者小礼物。到了主人的家，他们会先把你请到客厅，介绍家人和其他客人给你认识。

正餐之前是开胃酒或白葡萄酒———一般都是汽酒，还会有一些快餐食品，假如只是花生或者薯片，那么这顿晚餐只是一般的家常菜；要是专门做的小吃，那这顿晚餐一定是美味佳肴。

聊了大概半个小时后，主人会请你入座，晚餐正式开始了。不要把刚才喝的开胃酒拿到餐桌上，你会发现桌上早就按照从大到小的顺序摆好了各种杯子：左手边的是喝水的，挨着它的是酒杯，分别是喝白酒和红酒的杯子；右手边的是餐后甜点杯。

晚餐

餐具的摆放顺序是：叉子放在餐盘的左边，勺子和餐刀在右边，吃水果和甜点用的餐具放在盘子的后面（在每道菜上来时首先用最外面的餐具）。餐巾都放在右边，如果有一小碟面包，一般放在左边。记住别用你右边的那份，那可是你旁边那个人的，要不然就乱套了。

座位的排列跟其他地方一样，都是主人坐在长桌子短边的一端，他的右首是最年长的或最重要的一位女性，他的左首依次按照级别或年龄排序。女主人坐在桌子的另一端，她的右首是最年长或最重要的一位男性，左首的顺序与男主人一样。但一般来说客人如果是夫妇同来会安排他们坐在一起（因为按照常理，夫妻总是在一起的）。如果女主人够聪明，她会把能谈得来的人安排在一起，至少也要让邻座的人讲相同的语言。

晚餐

摆满食物的餐桌

开始用餐后,一般从你的左边上菜,从右边撤走杯盘。如果空间狭小,你和邻座坐得很近,你可以侧身让侍者上菜或收拾餐具(从你右首边端上来的菜不要动,因为那不是给你的,而是给你右边邻座的客人的)。

分发食物时,侍者可能会让你自己选择。开始时最好别盛得太多,因为待会儿你还有机会再盛你爱吃的食物。但是,如果你说"谢谢,我不要了",那么主人会认为你真的不想要了,绝不会要求你再多吃一点儿。喝酒多少由自己决定,喝酒时不要发出很大的声音。意大利人和法国人一样,吃饭时不但要享受美味,还要讨论菜肴的味

其他有用的小提醒

晚餐
- 餐巾应该平铺在腿上,不要放在桌上。
- 按照盎格鲁-撒克逊的习俗,吃饭时把手放在腿上是没有礼貌的表现,所以要把你的前臂放在桌子上,但肘部不要放在桌子上面。
- 左手拿叉子,右手用刀和勺子,不要来回交换。
- 吃晚饭后要把刀叉放在盘子上,勺子和叉子的头朝前,刀刃向内。
- 不小心把酒洒在桌布上了吗?没关系,这正是好运气的象征(道个歉也没什么坏处)。
- 受邀吃晚餐时,可以带上点儿巧克力,一瓶葡萄酒或开胃酒也是不错的礼物。
- 主人不会当场就把你带的礼物打开让大家分享——那可是没礼貌的表现。

小费
- 请不要混淆礼物和小费,礼物是象征性的,而给小费是把钱付给友好地为你提供服务的人。这个人可不是你的朋友。
- 要付给行李员、侍者、出租车司机和酒店里的服务生小费。

道。这也正好给了你一个机会,你可以有礼貌地对饭菜和酒水评价一番。

可以说,女主人是晚餐的总指挥。由她引领大家入座,由她宣布晚宴开始,也是她先站起来离开餐桌表示晚宴结束,所以一切看她行事即可。

晚餐的最后一道是甜点或餐后甜酒,这时候你可以点上一支烟了。如果主人明确说明房子里不能吸烟,烟瘾犯了的话,你就只能到外面去了。虽然意大利也出产上好的烟草,托斯卡纳的雪茄也很有名,但是很少有意大利人抽烟斗或雪茄。所以如果你有此嗜好,想抽你最喜欢的潘塔雪茄,一定要先得到女主人的允许。因为她一方面要照顾到所有人的好恶,另一方面又要尽量满足每个人的特殊要求。

离开

该是找个合适的时间说再见的时候了。周末时你可以待到午夜,平时最好早点离开。主人不会暗示你,也不会像在东方的国家常见的那样端上一杯水表示晚上的活动结束了。什么时候走完全由你自己来决定。

便签

如果你走得比较早,要找个好点的理由,比如明天要早起,或者要回去等一个国际长途等。道别时可以用意大利语说:"Grazie per la magnifica serata",意思是"晚安,谢谢您的盛情款待"。第二天要送上一张表示感谢的便条,如果你愿意,还可以附上一束鲜花。

做住家客人的几点忠告

你可能会被邀请到意大利人家里住一段时间。主人会热情地说只要你愿意住多久都没关系。可别把这话当真,意大利谚语说得好:"放三天的鱼会臭,住三天的客讨厌。"一定要在开始住到朋友家时就说明你离开的时间。

意大利人很看重自己的空间,所以千万不要侵扰他人的空间。尽量待在主人分配给你的房间里,并保证你出现的时候不会打搅别人。先要弄清谁经常坐在客厅的扶手椅上,长沙发又是谁的最爱,然后在客厅里和餐桌旁找到你自己的位置。

不要把你的东西扔得到处都是。如果卫生间是公用的，要把你的毛巾和洗漱用品放在自己的房间。

如果主人请你在家里随便一点，不要太拘束，你尽可以去厨房拿吃的。不过，可别把好吃的面条一下子都吃完，也千万别把主人最爱的白兰地一饮而尽。记得要告诉主人你吃掉了哪些食物，并且要记得夸奖食物非常可口。

不用把你吃过的食物再买回来补进去。最好的办法是买些不寻常的小玩意儿送给人家，

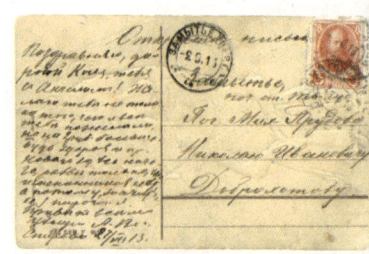

老明信片集

或者也可以给主人家做一顿你的家乡菜，坚持自己买做菜用的所有材料，这也算是你的一片心意。

用过的东西要洗干净放回去。用洗衣机之前要征得主人的同意。绝不可以向主人借用汽车或摩托车。

想要用主人的地址作为你的联系方式之前一定要得到主人的允许。想要用电话时也要问问主人。尤其是你想在主人的家里接待自己的客人时也一定要主人同意才行。如果有别人来接你出去，先要跟主人说清楚情况，要让主人相信你能照顾好自己。

家有家规，不要破坏主人家的规矩，而是应该改变自己去适应主人家的习惯。一般来说，主人会给你一套家里的钥匙。如果他们没给你，你又不想来来去去每次都要麻烦别人，就可以有礼貌地跟主人提出要一把钥匙的请求。

你的行踪一定要及时让主人知道，因为你现在是他们家里的一分子，要是你一下子消失了好几天，他们一定会很担心。如果你出去旅行，要记得打电话回来或者寄张

佛罗伦萨的花店

明信片告诉主人你什么时候回来。

平时可以帮忙做做家务,但不要过分坚持做得太多,因为你是客人,而不是家里的仆人或厨娘。

客居时间结束时,要写一封致谢信,并附上礼物留给主人。如果主人家里有仆人,要用信封包好小费留给他们。

以上只是一些简单的常识和礼仪,在意大利还有一些特殊的习俗,下面就举几个例子。

礼物和小费

从家乡带些小礼物送给你的意大利朋友是个不错的主意,尤其是给孩子的礼物,既能让孩子们高兴,又能赢得他们父母的心。不用买太大的礼物,礼轻情义重嘛!

鲜花和盆栽植物总是最受欢迎的礼物。但可不要送菊花,那是葬礼上的花。紫色的花也不要送,因为意大利人认为它会带来坏运气(还有一种说法是文艺复兴时期妓女总是戴紫花)。送玫瑰花一般都是一束12枝,或者单数的5枝或7枝。

要是你送了手绢给意大利朋友,记得向他要一枚硬币,要不然手帕会带来泪水(硬币象征他已经为手帕付款,坏运气就被赶跑了)。

最好的礼物是跟你的朋友的嗜好相符的礼物。集邮的朋友,你就送他一套你们国家最新的邮票。爱刺绣的朋友,一幅绣品做礼物会让她高兴得不得了。

其实跟礼物的实际价值比起来,你的朋友更看重的是你为他挑选礼物所花费的心思。一个彩绘的玻璃器皿、巴厘岛的扇子、蒂梵内的银项链、你家乡出版的书或画,甚至一张你从家乡寄出的明信片都代表的是你的一份心意。

名片

意大利人一般准备3种名片。商务名片,用来进行商务交际,向别人介绍自己的工作范围。名片上印有工作时使用的电子邮箱地址和移动电话号码。

社交名片上一般印有表明主人社会地位的头衔和各种荣誉称号。比如,一位世袭伯爵,因其对社会的卓越贡献被授予荣誉勋章,同时他还获得过博士学位,那么他的社交名片上就可以印上这三种身份,外加他的电子邮箱地址和移动电话号码。

意大利人的第三种名片一般是私下里使用的,一般只印上自己的名字。他们会在名片上写上自己的家庭住址、网址等任何想让对方知道的内容。不过,一定要用一支真正的旧式墨水笔来写字,而且每个字都要写清楚。

意大利人的名片一般比美国、英国或亚太地区国家的人们使用的名片大一些。如果你也想入乡随俗,把名字用小一些的大写字母印在名片上即可。这样就可以随时加上你的信息或附在礼物上,以免让人觉得你那一长串职务和头衔太刺眼。

同样,写信时,商业信函或传真的抬头上可以加上你所有的职务、头衔等,但私人信函的信头一般只写地址,有时也加上电话号码,信封只需在背面写上地址。信纸的颜色最好是浅灰、白色、米白或者淡蓝色。

咖啡馆和酒吧

意大利人的咖啡馆和酒吧就像英国人的酒馆、法国人的咖啡馆或德国人的啤酒屋一样,是人们坐下来一起享受咖啡和其他软饮料的地方。

意大利人一般一天喝三到四杯浓咖啡。有人说意大利人热情的性格和好脾气正是源于他们每天都要喝这么多咖啡。要是你不习惯喝这种一口就能喝光的小杯浓咖啡,就点大杯的美式咖啡(Caffe Americano)或者加上牛奶

威尼斯咖啡壶

打出泡沫的卡布奇诺咖啡。不过，意大利人只有在早餐时才一边吃面包一边喝卡布奇诺咖啡，他们在正餐后只喝爱斯普莱索浓咖啡。如果你执意要喝卡布奇诺，他们会耸耸肩，做出无可奈何的样子。另外，意大利人最受不了的是吃正餐时喝可乐。你要是不喝酒，可以点一瓶矿泉水。

拿铁玛琪雅朵是在一大杯的热奶中加入一小滴爱斯普莱索咖啡。无咖啡因的咖啡常被称为"海格"，这是它最有名的品牌之一。还有克莱托咖啡（Caffe Corretto）是在浓缩咖啡中加入几滴格拉帕酒或白兰地酒"校正"一下咖啡的味道，有加速心跳、令人兴奋之效。

咖啡馆一般都有很多小吃，意粉、咸味点心、小块比萨饼、火腿卷、三明治等应有尽有。这样的小吃再加上一杯酒，价格公道，在消费水平相当高的意大利是非常好的选择。当地人经常光顾的咖啡馆和酒吧都是值得一去的地方。

很多咖啡馆是文人们聚集的地方，体育界的明星也是常客。每个城市都有自己最出名的咖啡馆，在那里常能见到社会名流，比如罗马的唐内、威尼斯的夸得利和弗罗伦以及佛罗伦萨的利维奥利等。

闲谈

跟意大利人聊天一定要记住，他们爱自己的祖国，可他们更爱家乡。意大利人愿意为陌生人指路，尤其是看到一个无助的外国人微笑着向他问路时。对当地教堂或

意大利阿尔巴镇之夜

几个在一起闲谈的女孩

纪念碑称赞几句,甚至只是简单夸奖几句葡萄园的美景就能立刻让当地人对你产生好感。

如果谈到诸如官僚、腐败或者消费水平太高等敏感问题时,一定要先听听意大利人怎么说。你们谈话的目的是了解事实,你也不是来布道的,所以千万不要以轻蔑的口吻卖弄你的那些法律条文。你应该以比较平和的语气说:"我看到报纸上说有这么回事……"

意大利人生活比较闲散,常能看到人们把一天的工夫都花在愉快的闲聊上面。对他们来说,"时间就是金钱"并不成立。所以要道谢时无须说"多谢你为我挤出这么多时间!"而应该为你们愉快的谈话而道谢。

意大利人说话声音很大,可是,信不信由你,他们总抱怨游客们太吵了。所以嘛,就像你平时说话声音那么大就好了。

互相介绍

一般情况下,互相介绍时,要先把非重要的人物介绍给重要的人物;先把男士介绍给女士;把年轻人介绍给年纪大的人。要是你没听清被介绍给你的那个人叫什么,可以说:"抱歉,请问你叫什么名字?"这么问对方不会生气,因为人们都希望别人记住自己的名字。

如果你坐着的时候有人向你介绍一位朋友,男士应该起立致意,女士则不必。但如果对方地位较高或德高望重,无论男女都应该起立。不要交叉握手,也不要握得太用力。女士或年纪大的人先伸出手或先点头致意。介绍朋友时,除了名字还可以简要说明他的情况。

开始交谈

可以用"你是做什么工作的?"或者"你是哪里人?"作为话题开始你们的谈话。不过,千万不要问对方挣多少钱。要是你实在好奇,可以委婉地问一下。比如,跟你交谈的人是一位医生,你可以这样问:"在意大利,一位医生的年薪是多少?"或者你可以先告诉对方在你的国家医生能赚多少钱,然后再请你这位意大利朋友比较一下他们的情况。

吸烟

公共场所禁止吸烟。某些餐馆有专门的吸烟区,但在大多数公共场所都要到室外吸烟。如果在禁止吸烟的地方吞云吐雾,就要被罚款。所以请事先问清楚哪里能吸烟。大部分意大利人,包括65%的烟民都赞成新的公共场所禁烟法令。

打电话

手机在意大利很普及,在电话亭还可以租到手机或买到电话卡给你的手机充值。与其用你从自己国家带来的手机打电话,还不如买个手机或者租一个。要是用你自己的手机,从罗马也能给那波利打电话,不过那肯定要通过纽约或新加坡中转才行。

电话

所以来意大利之前,一定要搞清楚你在意大利接电话或打电话要多少钱,还有用手机拨哪个接入号码才能打长途,等等。

在酒店打国际长途非常贵,还不如用公用电话。所有大一点的城镇都有电话局,街上也有电话亭。烟草店和报亭还有5欧元和10欧元

亲密爱人

的电话卡出售。正打电话时如果电话卡金额不足了，换一张即可。

要是你用别人的电话，应该只用它来打本地电话或紧急电话。如果要打长途电话，请打对方付费的电话。

意大利人打电话时不说"喂"，或者"Hello"，而是说"Pronto"，所以要是你想说"喂，你好！我是南希·关，我想找罗斯大夫"，用意大利语应该这样说："Pronto. Sono Nancy Kwann. Vorei Parlare con il Dottor Rossi."

午睡

午睡的习俗源自于古罗马，人们在每天的第六个小时，即中午，要躲避游荡的鬼魂。今天的意大利仍有很多人保持这样的习惯，好好休息也便于消化他们的午餐。虽然不间断地营业越来越受欢迎，但是你出去办事之前最好还是查一下下午一点到四点之间是不是午休时间。

重要仪式

意大利人一生要经历的重要仪式包括：

■ 洗礼：95%以上的意大利人接受洗礼。

■ 初领圣体：天主教徒受洗后可以领受象征耶稣身体的无酵饼的典礼。

- 18岁成年舞会：可以是集体舞会，像在米兰上流社会流行的那样；也可能是个人举办的小型舞会。意大利人认为，一个人18岁开始要对社会和法律负责。
- 订婚/结婚：83%的意大利人在教堂举行婚礼，其余的是世俗婚礼。现在，到意大利结婚很时髦。北美和亚洲的很多婚庆公司都介绍和组织当地人到意大利举办婚礼。一整套的婚庆服务包括预订教堂、礼堂、鲜花和礼服，为参加典礼的来宾安排食宿等。它们甚至连新人的蜜月计划也一并提供，而且，还可以先结婚后付款（分期付款也行）。
- 葬礼：葬礼由家人、朋友和邻居参加。追思仪式后神职人员进行祈祷。天主教认为神父和弥撒能帮助死者的灵魂顺利到达另一个世界。

幸福的意大利夫妇

第五章

定居

"你,放逐者的天堂,意大利!"

——珀西·比希·雪莱(Percy Bysse Shelley)

欧盟旗帜

资质条件

居住要求

欧盟成员国居民及持美国护照者不需签证或居住许可证，便可在意大利居住。即使逗留时间超过3个月，也不需要意大利居留证明。

而其他国家居民应当就所需文件材料咨询当地的意大利使领馆。由于这些规定还有待改进，有望与欧盟指导委员会保持一致，因此须查看现行的规定。

公民地位

直到现在，外籍人士在意大利一直是异乡人，即便终生在意大利居住也是一样。与英国、美国、澳大利亚及其他国家不同，外籍人士要成为意大利公民，只有通过婚姻方式，其他途径即便是有也很难。

这就意味着外籍人士不能参加民意调查，没有选举权，也不能在全民公决时投票（也许意大利人会对外籍人士不用做这些事产生些许妒意）。不过，与欧盟规定一致，这些严格的限制正逐步放松。选举宣传册也正进入外籍居民的邮件箱。按预期的发展，所有欧盟成员国公民将与意大利人一样，享受同等权利。意大利已与欧盟成员国之间达成很多互惠协定，比如，在本国享受免费医疗或免费教育的欧盟成员国公民在意大利也享有同样权利。有关最新消息，最好咨询大使馆。

官方限制

意大利的官僚作风好似加在自己身上的枷锁，意大利人喜欢像古代拜占庭人一样把事情弄得纷繁复杂。在其他国家理所应当的事情到了这里会变成繁文缛节,得做无休止的文字和跑腿工作。不过现在情况正有所改观。

来旅行的外国人一般不会与官方发生什么联系。如果申请房产,必须拿到宪章税票(carta fiscale),但不必申请永久居住权,只需到社区注册即可。

若打算在意大利买辆新车,必须出示社区的居住证明或至少签署一份能证明你的居住地的材料。

寻找住所

如果是到意大利出公差,你的公司会帮助你找地方住。是选城里的公寓或郊区的别墅就看你自己的喜好了。如果要自己解决住宿问题,最好咨询专业人士。

租房

租住房屋或公寓相对简单。房屋代理会说明租赁者的权利、责任。短期租住或假期租住不必签订正式合

意大利护照

需要准备的材料

- 有效护照。
- 记载在意逗留时间的有效签证。
- 在意大利有效的驾照。
- 健康证明。在意大利买药,需要出示意大利医生或在意大利行医的医生开具的处方。本国大使馆或领事馆应提供会讲本国语言的、所住地区的医生名单。如携带处方药须同时携带医生处方。
- 打算到意大利留学,须出示所在学校或大学的录取通知单,这样可以缩短申请签证和注册入学时间。

同，但有一份双方都签字的租赁书比较妥当。另外，要明确其他使用费是否含在房租内。通常先付订金，到期后若房屋设施没有任何损坏再归还。

选择地区

要是你决定在意大利退休养老或买一套度假之所，那么事情就有所不同了，你得入乡随俗才行。有些外国人在意大利已生活了祖祖辈辈，现在也有100多万外国人几乎大半生是在意大利各地度过的。尤其是德国人，很多都在加尔尼亚诺找到了自己的度假之所。

外国人大都集中在罗马城内或周边地区、佛罗伦萨、威尼斯、环绕意大利湖泊的米兰北部、索伦托半岛、卡普里以及伊斯基亚、托斯卡纳南部、翁布里亚及今天的马尔凯。还有些流亡者分散地居住在从圣雷莫至斯培西亚的利古里亚河沿岸、西西里的巴勒莫和陶米纳地区、的里雅斯特周围和撒丁岛的科斯塔斯梅拉达一带。北拉齐奥和阿布鲁齐正越来越受欢迎。

意大利大部分地区都已开发。全新的高速公路和机场使半岛各地都四通八达。因此你的定居选择更多取决于个人因素。

先确定自己想要什么。天气是重要因素之一。著名的意大利的太阳没有想象中那么明媚；有些地区，尤其是北部，一年中的10月至次年4月间是难以忍受的阴冷潮湿，伴有严重的霜冻、浓雾和强风暴天气。即使在罗马，1月份的温度有时比伦敦还要低。

佛罗伦萨圣母百花大教堂

别墅

沿海岸线一带和南部地区，气候温暖得多（尽管冬天在室内和夜晚还是要穿得厚实些）。另外，这里的夏天是出奇的热。

还有一点，沿海岸线一带在七八月份到处都是来度假的游客，热闹非凡；而到了冬天却死一般寂静，无人过往。

想在意大利定居，既追求舒适的室内生活又向往惬意的室外生活，位于佛罗伦萨和罗马之间的中部地区是你理想的定居之地。总而言之，托斯卡纳和翁布里亚作为全国的文化中心，是外国人的理想住所（更能满足他们的需求）。马尔凯也是上好的居住之地。

选择房产

如果有朋友帮忙理顺这些事情会比较省事。否则，自己得亲自去选择中意的土地，然后还应当考察好周边的环境。

起初你一定会梦想着拥有佛罗伦萨式的豪宅（至少是一套公寓）。但实际上，你首先可以租套公寓体验在佛罗伦萨、罗马、威尼斯生活的真实感受。一旦囿于繁忙都市的独特生活，除非您个人的才智能使自己对社交生活游刃有余，否则你会惊异深陷于其文化之中而疲于应付。

也有很多人愿意选择生活在乡村，需要的时候再进城。

比方说，开车35分钟到佛罗伦萨市中心，英国人已习惯了这种生活。一个世纪以前，他们曾聚居在繁华的柏拉斯噶尔多或赛廷纳诺。今天，他们和其他外国人住在基安蒂的农舍，驾车或乘车35分钟即到。

那么如何才能在基安蒂或其他地方寻觅到梦中理想的住所呢？

开车驶过托斯卡纳和翁布里亚，亲身感受一下当地的环境。路过一个吸引你的地方，在旅馆订个房间，或租一间装饰典雅的农舍——周末有很多这样的房子提供自助服务——亲身感受想象与现实间的差距。

40年前，托斯卡纳有6万套空房屋出售。只要到一家最近的酒吧随便问问，就会有热情无比的人（往往是当地的中介或代理商）跳上你的车，指给你看大片大片出售的房屋。如果你有意要买，他会主动联系房主，进行商议；有时，不到一杯酒的工夫，就能拿出一份已在上面签过字的草拟合同。

现在时过境迁了。市场上只有为数不多的待出售房屋，而且还都在房地产商手里。靠自己只能看看中意与否，价格的商议还得求助于行家。

看过几处房产后，作何决定呢？看一看（比喻）你的名字是否写在门上吧！就像一位杰出的英国劳埃德海上保险协会（Lloyd's）的保险员过去常说的那样，在评价一项风险时，自己站在水里，定能感同身受。

讨价还价在今天的意大利并不多见。在中部的个别地区仍能以较低的价格买到房产。这些地区有：加法格纳纳、阿米塔山区、马尔凯的亚得里亚海山麓地区，还有托斯卡纳的卡森提诺。

乡间小道

第五章 定居

注意事项

对某一房产进行估价时,最关键的三方面因素是:水、电、交通。

水

有些房屋提供基本供给,有些没有,需要依赖泉水或井水。要确保泉水属于房产或水井在夏天不会干涸。

电

大部分地区都有电力供给。如果没有的话,安装供电设备成本很高,甚至耗时很长,这一点会体现在房产的价格上。

交通

只有穿过别人的田地,走过弯曲的石子小路,才能回到山顶上舒适的小屋,这在冬天就不那么惬意了,甚至会比较困难。一条相对好走的路非常重要——因为每天要走——而且自己修筑很昂贵,尤其涉及所有权时,更是麻烦。

其他注意事项

另外:

■ 房顶是建筑物的核心部分。看起来不够结实的房顶一定不会耐用,为了预防地

震，明智的话你必须进行修整、重建（当地主管部门也坚持这样做）。但这的确需要一大笔花费。
- 墙壁是非常要紧的。确保墙角没有凸起或明显的裂缝。
- 木梁也要仔细检查。如有腐烂，会影响房顶或地板。不过，干裂处可以修补。
- 关于路权和其他现行政策、规定要说明并写入合同。

类似事宜最好由建筑师或审查员来办理。签订草拟合同前最好听取专家的建议。此时所付金额应低于实际数目，具体金额经与卖方相互协商后才能确定。

草拟合同既赋予买方一定权利，同时也使买方承担一定责任。如果是买方的原因没有成交，将要损失定金，至少是一部分定金。同样地，如果卖方反悔，应当返还定金，除非特殊情况，还应另付相当数额的赔偿。由于此类事情引起的纠纷较多，草拟合同成为最后的合同文书前最好能经过公证或至少由建筑师负责处理。

公证人的选择取决于买方，一旦签署最终合同，买方要付合同费用及购房费用。在1992年之前，卖方承担资本收益所得税（INVIM）。

还要谨慎的一点是，土地主管部门会紧接着——通常数月后——根据一系列条文、规定对地产进行重新估价。如果这个估价高于合同价格，买、卖双方要付附加税，这是常有的情况。记住：公证人，作为政府官员，通常会提醒类似事件。

另外，如果地产注册为"rurale"，即农业用地，重要的是确保邻近用地不归属周围农民，也就是说，有先占权的农民一年内对该地享有此权利（这样的事情曾有发生，不谨慎的买主购买地产几个月后被没收。因此应确保坚持邻居签订放弃土地协议）。

签字

整修房产

这件事比较麻烦。首先，整修房屋要从当地社区获准。也就是得雇一名建筑师，他会起草详细的计划，呈交给责任部门，多数情况下包括防震部门。然后依照房主建议，重新设计房屋，甚至应对游泳池的布置也一并设计，再雇用专业施工队进行施工。

切记一点，尽管也是训练有素的设计师，但这种建筑师也就像个土地

设计方案

勘察员,通常比较呆板,不会设计出具有现代意大利风格的造型。换句话说,还是想象力不够丰富。当然也有例外。

与此形成鲜明对照的是,有的建筑师会显示出过分的想象力,把房屋整修当成一次机会,大胆地尝试利用斜纹布。经过一番努力,把翁布里亚的农舍变成加州的大农场,当然这是房主最不愿意看到的情景。

简而言之,建筑师比较传统,设计师比较现代时尚(当然有例外的情况,但大体如此)。不过选择权在你手里。如果你手里是一座古老的、有历史纪念意义的房屋,可能有必要咨询古建筑的专家。他们的意见会使你保持传统,这可能有些保守。

设计方案一旦定稿,必须等(有时会拖延几个月)当地委员会商议通过并且缴纳一定数额的税金后方可动工。最后还得雇好建筑工人和木匠、管道工、电工、推土机师傅,还有其他工人才能开始动工了。

拥有理想的新房的那一刻是一个激动人心的时刻,拥有理想的新房是一生中不可错过的令人兴奋的事情。很多房主把工作交代给工人后,甩手不管——直到次年复活节才回来(还带了一帮朋友),天真地以为所有工作已圆满结束。

往往事与愿违。看着新房的布置,他们会兴致全无。只好安顿在邻居家,一天天守候着工程的进展,没有比这更让人沮丧的事情了。

有用的文件
- 技术人员签字的方案。
- 获得居住社区允许动工的文件。
- 工程结束,施工公司、管道工、电工签字的文件。

建房时一定要留心，不可能一切顺利的。肯定还会有种种烦恼——随意溜号的工人、不断出现的问题，等等。还记得墨菲法则吗？那就是：如果事情既可以向好的方向发展，又可以向坏的方向发展的话，那么它多半会向坏的方向发展。与政府部门的拉锯战会使你转得像托钵僧一样无奈——但能够参与这些纷争，能在现场把无心和大意而带来的差错纠正过来，至少应该感到一丝欣慰。

在工程进行当中，您也完全有时间细心寻找乡间的家具和陈设。从佛罗伦萨的跳蚤市场或阿雷佐的古玩市场（每月第一个周日），可以挑选一些好玩的小东西。或者试着转转二手商店，如慕坎提诺连锁店，这是当地一家独立特许经营的商店。目前，这家店在许多城市设有分店，授权经营所需的各种室内装饰、陈列物品。

这样到处闲逛，你会发现许多村庄还有城镇是旅游业所不曾染指的，这样还有机会认识同一个社区的邻居。

对于他们来说，你总是陌生人——无论你是在峭壁上重建旧塔的美国人，还是早已接管了磨房的英国人，或者是正同样修整类似的毁坏农舍的德国人。但你会很快投入这里的日常生活。越是在偏远的住所，你越会更多地体验到当地人的合作与友善。

不再急于求成，而是学会从容不迫——做一个真正的意大利人吧。

从国内带什么

以下事物能为在意大利的生活提供很好的帮助：
- 一叠信用卡。

信用卡

- 一本不错的字典。
- 正式成绩单、学历复印件、证明详细学习履历的复印件，如所学课程、成绩等。
- 如果要带大件家具，找个船运公司用集装箱单运来吧。托运人要办理手续。允许带入意大利的可以是原装家具和标准家用物品。但意大利也生产制造你所需的一切物品，而且在当地购买更加经济实惠。一等的意大利古董也许例外，但一般普通用品种类繁多，上好的物品如艺术作品在意大利往往比在伦敦或巴黎便宜得多。这里生产的工艺精美的仿制家具也值得考虑。

教育体制

6岁至18岁的意大利儿童少年必须接受教育，一旦接受完基本教育，约20％的学生愿意选择工作而不愿继续学业。

大多数学校是公立的，并由中央政府掌控（小学通常由当地社区管理），但也有少数学校由私人或教会组织负责管理。所有学校都执行国家统一的考试制度。

学前及小学教育

孩子到了3岁就可选择私立或公立的幼儿园，蹒跚学步的幼儿中90％都上幼儿园。

儿童从6岁开始进入小学，一直到11岁。学生会学到意大利语、数学、历史、科学，并以图画、音乐形式辅助教学。但由于一天只上4小时课，诸如体育课、宗教课都放在课外进行。

初级中学

初级中学学制3年。实行班级制，平均每班25名学生。学习课程包括意大利文学、历史、地理、数学及一门外语。基本技术、艺术、音乐、体育等课程则属于课外活动。

高级中学

通过毕业考试后，才能进入高级中学。进入高级中学，也开始了专业化学习。学生要在传统、技术、职业、艺术四大类学科中作出选择。

■ 传统类学科进一步细分为四个分支：Classico，

成绩单

代表人文学习（包括拉丁语、希腊语、历史、哲学）；Scientifico，与人文学习相似，但还有数学、科学类课程；Linguistico，语言类课程（强调现代语言）；Magistrale，师范类课程（面向将来致力于小学教育的学生）。
- 技术性学习是为今后工作做准备的。这类学生日后会从事如会计、普查员、农业工作者、商业主管、旅游策划者、空中交通管理员等工作。
- 职业性学科注重培养电子、化学、计算机、广告以及应用艺术等实用性行业技术。
- 艺术专业要学习4年，有影视艺术或建筑艺术知识。

选择学校
- 查寻所在地区的白页和黄页分类电话簿。
- 若选择公立学校，各省都有招考办，直接与感兴趣的学校的校长沟通是较妥当的做法。
- 就所在地的外国学校情况，还可以咨询当地的领事馆。
- 也可以咨询当地主管教育的政府机构。
- 公立学校通常较私立学校便宜些。

大学教育

十八九岁的学生参加技术文凭考试（法语称为baccalaureat）。任何学生通过这些考试均可进入大学或工艺专科学校继续学业。目前，意大利有100多万在校大学生——约占人口总数的2%，相当于英国的两倍。由于这些学院不提供住宿，大多数学生选择住在家里，上当地大学。

除了在大城市的学院如米兰的博克尼商业大学、罗马的国际社会科学自由大学等及一些医学院外，其他学院都是免费的，而且没有入学限制。所以，这些大学的报告厅通常人潮涌动，很难挤进去。要拿到学位至少需要4年，学生可以自主选择考试时间。如果第一次考试失败，还有一次补考机会。

有两所国立大学接受国外留学生：一所是锡耶纳的锡耶纳大学，另一所在佩鲁贾。这些学院是专门为那些被国外大学所录取或学业优异的非意大利籍学生设立的。

意大利的外国学校

意大利有很多所外国学校，有公立的，也有私立的，由意大利或国外机构主管。这些学校涵盖了从幼儿园到美国著名大学的研究生教育分支机构。如果你打算长期生活在意大利或居住时间较长，建议你与罗马大使馆或当地领事馆联系，以便获得指导。

日托中心

在意大利，日托中心叫做Asili Nido或Scuole Materna，同样有公立、私立之分。许多托儿所每周工作5天或6天。公立托儿所由政府支持，有配额及严格规定。

通常，家长应上午8:00或8:30送来孩子，下午4:00、5:00或6:00接走孩子。私立的托儿所更灵活方便。因所选托儿所的不同，接送孩子的时间也可根据自己的时间需要而不同。无论公立还是私立日托中心，都提供午餐。午餐经过严格卫生监控，由专门营养师配制。一所普通私立托儿所需要花费100欧元申请费和入托费，以及每月150欧元至200欧元的费用，包含餐费。

应付家务

虽然可以找专门的佣人做家务，但现在也不太容易找。雇用一对已婚夫妇提供家庭服务，这在过去是可能的。女人打扫、做饭、洗衣，男人看管房产、照料庭院，还有开车。

然而现在很难雇到这样的夫妇，而且费用很高，大概一年要付15 000欧元左右，其中包含社会保险等费用，而且还要能提供免费住房和各项相关费用。

有时可以请年纪稍大的、没有社会保险的人来做些家务。但通常人们还是习惯雇女佣，一周几小时，一小时付9欧元至10欧元。雇专业的园艺工人，假如一周两个半天，也要同样的价格。但要看当地的行情，应该核实好价格，明确责任。

快乐的意大利一家

银行

如果你已是意籍公民，可以像其他意大利人一样拥有国内账户。如果不是，可以开立非公民账户，这样只能从国外银行转账资金。如果愿意，银行还可以负责电费、电话费以及其他日常必要费用的收缴等业务。欧元的兑换价格会带来各方面的影响。关于最新的信息，可以咨询银行经理。

有用建议

- ■动身前，您应向本国银行核实要前往的目的地是否有相应银行网点。最好在国内将相关事宜办妥，以便到港后核对签字。
- ■查看入港规定，如随身携带高额现金或相应物品，到港后必须报关。
- ■明确所选银行当地分支机构的详细说明。
- ■询问所需服务的费用，收费因银行而异。
- ■几乎所有银行都发放银行卡（BANCOMAT），来代替现金使用。另外，可以用银行卡取现金或进行其他消费活动，如直接从遍及全国各地的自动机上为手提电话充值。

做家务

纳税

每个人都理应在居住地纳税。同样，社区经济受地区机构的控制管理，受全国各地相关条文规定的制约。居民（或房主）按房产的租赁价付税，还要缴纳当地特定税额和财产税额。大多数人利用银行账户转账缴税，具体细节有专人会提供详细说明。

杂货店

购物

城里每个角落都有中、小超市，繁华地段有大型超市（大规模购物场所）。现在的大多数地方都有专门的食品店，但价格较贵。然而乡村小店仍不失繁荣兴旺，是人们社交生活的中心。人们在买到日常所需的肉类、蔬菜、奶酪、面包的同时，不忘说东道西。

意大利人喜欢多跑几趟、每次少买的做法以保证食品的新鲜。他们从不一次买好几天的食物。意大利人希望买到最新鲜的、最纯正的当地食品，而不是什么乱七八糟的东西，像注入激素以提高味感的肉类、添加色素以求色泽鲜亮的蔬菜、水果等。

几乎所有的村镇都把一星期中的某一天定为集市日。这是村里最热闹的一天，人们从周围各个地方赶来，或买东西，或卖东西，或仅仅是为了消磨时光。不仅如此，张家长、李家短都可以在这里打听个明明白白，甚至还可能见到行政长官，跟他聊聊天呢。

驾车须知

交通规则

在没有交通指示灯的十字路口，右行车辆优先通过。实际上，右行优先适用于大多数地方（城市里的司机几乎无视左边的情况），但在某些转弯和主路上有明确优先

交通指示灯

通过的标志，即右边路上一个黄白色菱形标志。若菱形标志中间有一黑线横穿，表示不具优先权。很多路口和转弯处标有箭头，应小心通过以免走错。

交通指示灯

交通指示灯和其他地方的交通指示灯功能一样，但黄灯会多停留几秒钟。这样会导致司机抢过红灯，假如黄灯一出现，你就停车，后面的司机会暴跳如雷。

在一些主要道路上，能看到一盏大的红灯，下面有些小的绿色箭头。当绿色箭头指向你要行驶的方向时，尽管这时红灯好像示意停车，但还应当继续前行。

车速限制

在意大利，高速公路限速是每小时130公里，四车道高速公路的限速是每小时110公里，一般道路限速是每小时90公里，城区内限速是每小时50公里。

安全建议

- ■ 系好安全带。
- ■ 严禁酒后驾车。
- ■ 呼吸检测仪（俗称palloncini）在意大利普遍使用。
- ■ 注意标志牌。标有"Controllo elettronico della velocita"的方形大牌子表示前方有电子测速仪，会对车辆进行拍照。如果超速，会向车主或拥有车辆的公司寄出严厉的罚款单。

意大利人过去不太在意这些规定，但现在他们很重视。警察和雷达探测仪到处可见。一旦超速行驶，会收到一张罚款金额高达500欧元的"超级罚单"。一种人们不太满意的做法是，在车主不知情时对汽车拍照，记录违规情况，直到一个月后车主会收到寄来的一堆罚单。由于最近全国各地达成相关协议，超速罚单会一路跟随到车主居住地。

第五章 定居

国外注册车辆

驾驶在国外注册的车辆也许较安全,但也不是万无一失。不要看到身边有车超速驶过而麻痹大意。一种新的高人一等的对策就是无视罚单("我有的是钱,我不在乎")。

还要切记随身携带驾驶执照、护照以及车辆相关证件。如果被警察拦住,没带证件是很尴尬的事情。

有时被一队持枪的人拦截,可能是恐怖组织或犯罪集团所为。这是一种不幸的遭遇,但幸运的是,他们也会善待外国人。

意大利司机

意大利人以开车横行霸道著称,但总的来看,他们都严格遵守交通规则。有些司机的习惯很恼人,在崎岖的路上跟车很近,甚至要撞前车的后保险杠。遇到这种情况,尽量示意他们超车过去。

顺便提一下,行驶中打信号灯是强制性的,如在超速、转弯、停车时。如确实需停车,要将标有红色三角形的标志牌放在车后几码处。

与其他司机交流

司机之间的相互交流很重要。面带微笑,用眼神交流,即使脾气再坏、再咄咄逼人的司机也会突然变得宽容,让你通过。毕竟,你是贵客。即使他没让你通过,看在上帝的份儿上,不要无礼、鲁莽,那样真的会惹上麻烦,毕竟是在人家的国度。

邮政服务

必须承认,过去的邮政服务总是被毁谤与谩骂。邮寄普通信件都很昂贵,而且邮寄速度非常慢。很可悲,有时写给邻省的一封信要两周才能寄到。但近年来邮政服务效

在意大利阿尔卑斯山旁公路上的车流

率已有显著提高，如果发送航空邮件或多付邮资，通常几天内就能收到。无论选择优先发送的、还是挂号的，所有寄往世界各地的信件、包裹都能在几天内寄到。从邮局还可以买到尺寸大小各异的标准包裹箱以寄往世界各地。另外，邮局还受理诸如发放退休金等业务，还为客户办理汇款业务、受理留局待取邮件。取信应出示身份证明。

除了几个大城市外，邮局不提供话务服务。

通信服务

通信系统效率极高，但价格不菲。你可以从任何地方拨打国际长途电话（IDD）。使用移动电话和传真机已成为时尚。上因特网也开始流行，你可以从大多数城镇、游览地、村庄的专业网点发送电子邮件。

教堂

意大利宪法完全保护宗教信仰自由。但天主教作为国教，其教义已扎根意大利文化中。天主教堂既是意大利社会结构的中心，也是权力中心。难怪每个城市甚至小村子都至少有一座天主教堂。几乎所有意大利人都在教堂施行浸礼，但只有40%的人常去教堂。

意大利也有其他宗教。教堂则位于各地区首府和主要大城市。查看黄页电话簿可以找到地址。

圣彼得大教堂广场

第六章

饮食和娱乐

"戏剧，戏剧，戏剧！意大利美食如同歌剧一般美妙。"

——威弗利·鲁特（Waverley Root）

比萨饼

意大利美食早已享誉全球。在冰冷刺骨的寒冬，还有什么比一碗热腾腾的通心粉汤或飘着帕尔玛干酪清香的波伦亚面条更令人向往呢？

但意大利面和比萨饼的兴盛使得人们普遍认为意大利人主要以通心面、小牛肉、西红柿、橄榄油、基安蒂红葡萄酒为主。

意大利国内没有任何一家宾馆为澄清这种误解作出努力。由于既经济，又能彰显国际化，所以旅游行业的餐馆酒店也积极提供这些特色菜的服务，这种饮食类型与真正意大利饮食的渊源如同"洋泾浜意大利语"与但丁的正统语言风格之间的联系。

意大利人自己以地域区分各类烹调风格——威尼斯美味、佛罗伦萨风味、米兰特色、那波利特点，等等——与中国的粤菜、川菜、客家菜、闽菜之间的菜系区分极为相似。

经过多少个世纪，每个地区乃至每个城市都发展演变出独具匠心的烹调特色。各种风味区别甚微，如果说各地风味的综合特点是意大利美食的标签，这是由于共同的饮食习惯和共同的食品结构使它们紧紧相连。

表现个性是整个社会的主流。有人曾讲过，业余的法国人做起饭来好似专业人士，专业的意大利厨师却像业余爱好者。"在法国200家不同的餐厅点蛋黄酱，会吃到200遍同样的蛋黄酱，"意大利美食家恩里科·加洛奇这样评论道，"在意大利200家不同的餐厅点波伦亚酱，会吃到200种风味不同的波伦亚酱。"

饮食多样化构成了意大利文化的一大特点，更不必谈它的独特魅力。在此按地区逐一介绍意大利美食。我们先从北部开始。

第六章 饮食和娱乐

> **你知道吗**
>
> 来自意大利农业生产者联盟（CIA）的数据显示，2004年平均每个意大利人消费123公斤小麦产品，包括28公斤通心粉，还有195公斤蔬菜、130公斤水果、50升葡萄酒和14公斤鸡蛋。尽管越来越显示出全球化的趋势，但基于当地市场和流通季节带来的新鲜产品，地中海居民的饮食方式在意大利仍经久不衰。

皮埃蒙特美食

皮埃蒙特与法国相邻，萨伏依文化对饮食的影响也显而易见。在山区，直到近几年才用上电炉和烤箱，人们一般都用炒或煮来烹调。

这样就有了热蒜油汁，字面意思是"热水浴"。这是一种酱油，由橄榄油、黄油、大蒜、捣碎凤尾鱼还有切成薄片的块菌混合而成。混合后盛入小碗，放在单独的加热器上，再加入各种生鲜蔬菜即成美味。

块菌、稻米和肉类

白色块菌已进入许多皮埃蒙特人家的餐桌，包括有热融制干酪，这是一种瑞士干酪的变异品种。由于皮埃蒙特出产大量全国所需的稻米，在这里经常能看到各种调味饭。

意大利肉饺（环形的皮里包有剁碎的牛肉、火腿还有各种调味品）是最受人们喜爱的一种面食。用鸡汤煮的意大利干面条和各种鸡肉一起共享，美味可口，位居第二。还有玉米、大麦、栗粉煮的粥，粗粒小麦粉做的汤团都起源于这里，颇受欢迎。

炖肉杂烩——把煮过的牛肉、鸡肉、小牛肉、火腿，加卷心菜或洋葱，拌上绿酱、少量果冻——也是一道美味佳肴。其他

肉饺

菜品还有巴罗洛葡萄酒炖牛肉和白葡萄酒炖牛肚等。

素菜

素菜菜品也都新颖别致。维切利有一道特色菜Panizza，是由白豌豆、西红柿、洋葱、熏肉还有米饭混合而成。将胡椒放入西红柿、凤尾鱼、大蒜、黄油中，然后烘烤；蘑菇头与欧芹、洋葱、凤尾鱼、鸡蛋还有面包屑混合，加入橄榄油慢炖。块菌在阿斯蒂起泡酒中煨过，或用果仁味羊奶干酪煮过。用杏仁饼干、打匀的鸡蛋还有葡萄干混合在一起的面包包裹洋葱，在牛奶中浸过后就变成甜的了。

事实上，皮埃蒙特以甜品著称——都灵的大街小巷遍布了糖果店，可见其推崇甜品的程度何其高。都灵还是普通的意大利式硬面棒或者称作面包棍的故乡，这些面包棍在世界各地的意大利人餐桌上就像都灵的招牌一样。

皮埃蒙特葡萄酒

普罗旺斯阿尔巴的葡萄园用内比奥罗葡萄生产出皮埃蒙特最负盛名的巴罗洛葡萄酒和巴巴里司卡兹葡萄酒。

巴罗洛是意大利所有葡萄酒中最出名的，它产在塔纳罗河以南的特殊地区，有着紫罗兰的花束味道，轻柔的香味中带着一丝树脂余香。

巴巴里司卡兹葡萄酒产自古老的巴瑞斯科城周边陡峭的山坡，也是名气较大的一种葡萄酒——你可以把它叫做巴罗洛年幼的弟弟——而且它成熟得很快。

奶酪店

第六章　饮食和娱乐

塔纳罗北部生产的葡萄酒就简单地以内比奥罗命名。它有紫罗兰的香味，这也是这种葡萄最大的特点。它的制造年期较短，可饮用时间较早。

皮埃蒙特主要生产红酒。但在白葡萄酒中，阿斯蒂香槟很有名。卡洛嘉琪亚在兰斯学会了如何制作香槟酒，随后便以莫斯卡托葡萄作为生产原料，使阿斯蒂香槟风靡各地。

现如今，阿斯蒂香槟如同味美思酒（或称苦艾酒）一样畅销。味美思是皮埃蒙特的另外一种特色酒，它源于1786年贝内迪托·卡帕诺在都灵证券交易所附近的酒铺，至少它是从那时候起开始大量出售的。就像证券经纪人常喊的"满了再加一半"已进入日常语言一样，卡帕诺自己的名字现在也被用来描述一种有特别苦味的味美思酒，它是在白葡萄酒中掺入香草、香料、草根还有许多其他成分酿造而成的。

红酒

过去，味美思酒的生产以家庭为单位。今天，大规模酿酒厂取代了家庭作坊，其秘方由专人看管守护。意大利人每年消费约5 000万瓶苦艾酒。还有一种干马提尼酒，这种古典的鸡尾酒是以最著名的调酒师罗西的名字命名的。

伦巴第美食

伦巴第以其工业和农业著称。最先进的食品生产技术使得这里每英亩的小麦和玉米产量、饲料种植量都高于意大利其他地区。这里除每年生产200万头牛外，还养殖大量的羊、猪，因此每年出产不计其数的牛奶和黄油。

伦巴第烹调完全以黄油为主料，最主要的食品之一便是干酪——古冈左拉干酪、

> 伦巴第最常见的食物是煎小牛肉片。有各种制作方式,但最完美的要数涂面包屑的。还有一种常见的是水煮拼盘,就是炖肉杂烩。在当地有一种花样,是跟西红柿、洋葱和辣椒做成的调味酱一起进食。

贝尔佩斯起司、马斯卡布尼芝士奶酪、鲜软奶酪、罗比欧拉干酪,还有比帕尔玛更为出名的巴玛臣乳酪(Parmesan)(用脱脂乳制成的坚硬的干酪)。米兰有世界上最有名的奶酪店,开业于一个世纪前,提供上百种类型各异的奶酪,附带有乳酪饼之类的产品。

米兰人对饮食总持有奢侈、挑剔的态度(曾经有法令规定,只有自己制作面包或葡萄酒的人才有资格担任公职),自己动手制作食物令人感到自豪。直到今天,米兰人对此深信不疑。

伦巴第特色美味

不过,伦巴第不像其他地区,没有太多本地特色菜,只有米兰式炸肉排,即面包屑牛排,由此奥地利人发明了他们的维也纳炸肉片(二者的唯一区别是他们用油炸,而米兰人用黄油炸)。这是一道历史颇久的菜,早在1134年,就是米兰宴会的菜单中的头牌菜。多年以后,奥地利将军冯拉德茨把这道菜带入维也纳。米兰的另一道特色菜是炖小牛胫,尽管人们一致赞同应加入米粒,而不是土豆泥或通心粉,但具体做法往往因人而异。

在米兰,通心粉不是主要菜品。一顿饭总是先上各种丰富的开胃品,然后有调味饭、汤团,还有带馅儿薄饼。最后大多是用牛肚做的菜,以至于米兰人常被称为专吃牛肚的人。

红酒炖牛肉

食品店

另一种米兰特色菜是用红葡萄酒炖整块牛肉。而炖猪肉却略有不同,是将肋骨、猪腿、猪油渣,甚至连猪耳朵一起放入锅里,加入香肠、卷心菜、芹菜、洋葱和西红柿一起炖,最后再和一大盆玉米粥一起下饭。这道以肋骨为主料的特色菜是隆冬季节驱寒保暖的佳品。

伦巴第葡萄酒

伦巴第有3个主要产酒区:帕韦斯地区是皮埃蒙特绵延山系的延伸;娃泰丽娜地区环绕流入科摩湖的阿迪杰河的山谷;以及环布雷西亚地区,在加尔达湖西岸和曼图亚山脉地区。

其中,最代表伦巴第纯正风味的是娃泰丽娜山谷一带出产的葡萄酒。这里最具特色的葡萄酒都带有浓郁扑鼻的玫瑰清香(古罗马诗人维吉尔曾在他的田园诗中提到过)。

其他榜上有名的红葡萄酒还有古鲁梅洛和清淡的因费诺。

伦巴第奥特罗普葡萄酒的出产地其实紧挨着皮埃蒙特,同样地加尔达湖的葡萄园在威尼托区边上,这里生产类似于巴多利诺酒和苏瓦韦酒的葡萄酒,但不像这两种名气大。其中有一种卢加诺酒还不错。无论怎样,伦巴第毕竟制出一种享有盛名的酒——堪培利开胃酒,该酒于1867年产于米兰。

艾米利亚-罗马涅美食

艾米利亚-罗马涅大区由人烟稀少的山区和人口熙熙攘攘的平原地带组成,平原

意大利面

上的每寸土地都被积极利用起来。这里是养猪之乡，是小麦、水果、蔬菜之乡，也是鱼类之乡（如果允许使用这种新的说法），这些丰富的资源使这里成为全国的美食中心。

帕尔玛以火腿和干酪闻名；摩德纳以带馅儿的猪腿、樱桃、桃子、蛋白杏仁饼干闻名；博洛尼亚以通心粉和摩泰台拉香肚闻名；拉文纳则以海产品闻名。当地的厨师在美味的特产之上加上自己精湛的技艺使这里的餐厅饭店成了美食家的朝圣之地。

帕尔玛特产

事实上，关于帕尔玛的特产早有些无稽之谈，因为帕尔玛的干酪源于勒佐，直到今天这里还生产大部分干酪。但既然勒佐已成为帕尔玛的一部分，也就不再提到这点了。

帕尔玛火腿并不产自本市，而是来自南部省份的山区，那里是饲养肥猪和加工火腿的理想之所。在晾晒季节，当腌猪腿从各家各户房梁上悬吊下来时，作为工业中心的浪卡亚诺镇里到处飘着火腿的香味。

遗憾的是，帕尔玛的紫罗兰几乎消失殆尽，但由此引发的香水产业和糖果蜜饯产业长盛不衰。烹调餐饮业在这里名目繁多，生机盎然。尝一尝意大利干面条，拌上帕尔玛火腿或melanzane alla parmigiana——茄子加上熏火腿、洋葱和西红柿一块烧烤的肉排，上面撒上碎碎的炸欧芹，香味扑鼻！

摩德纳和博洛尼亚特产

摩德纳和博洛尼亚的饮食口味较重，因为更多地使用黄油和猪油，而不是橄榄油。进一步讲，猪肉占据重要地位，猪肉制品形式多样、形状各异，尤其是粗圆的辣肠。

摩德纳早在罗马帝国时代就在做猪蹄卷。猪蹄里究竟装的是什么馅儿是严格保密的。肉豆蔻、桂皮、丁香、大蒜、猪肉馅当然是必不可少的成分。

第六章　饮食和娱乐

据说博洛尼亚的摩泰台拉香肚沿袭了罗马人的慕塔塔，将加了丰富调料的猪肉馅包入完整的乳猪皮。但博洛尼亚首先是北方加鸡蛋的意大利面的发源地，与南方粗糙的风格形成对比。这里著名的三组合是：意大利干面条，为纪念鲁克蕾齐亚·波吉亚的金色头发而发明；意大利饺子，被看做如同维纳斯的肚脐一样形状美观；还有烤宽面条，罗马人称之为千层面。

当然，博洛尼亚还有其他种类的面食：烹饪专家曾列出600多种面食花样。尽管意大利面条和香肠占突出地位，但无论如何也无法遮挡其他菜品的光芒。你可以尝试一下牛排，即涂有面包屑的牛肉（有时是火鸡），上面撒上一层火腿。肉条先后加熏火腿和土豆烤制，就成了牛肉酱。

意式茄子包中虾卷串是卷有肉馅的牛肉卷，和波隆那肉酱一起吃；乌米多音卡萨多是一道甜美的砂锅菜，主要由鸡内脏、小牛或小羊内脏、蛋黄、块菌还有蘑菇，再加上调味酱烹制而成。还有一种比较有名的菜叫做卡奈斯特里，用牛奶炖乳猪，块菌入味，若加鸡肉，往往上面覆有羊肉糊、蘑菇、调味酱，下面铺一层火腿、洋葱、菠菜汁。

甜品和海味

这里的甜点也同样丰富，在费拉拉你会看到有甜点宴会，还有捕自科马基奥礁湖的鳗鲡和波河的鲟鱼。海边是鱼和海味的王国，还好有美味的果汁，帮助消化。

没有哪个地方的人比意大利人更擅长烹调海味，也没有哪里的海洋比北部亚得里亚海更适合鱼类的栖息，因为这里（与其他地中海海域不同）有潮汐，这就意味着有潮水坑和海藻可以帮助贝类和甲壳类海生物大量繁殖。对于饕餮来说，这里出产的海鲜味道可谓是鲜美至极。

艾米利亚-罗马涅葡萄酒

起泡红葡萄酒是摩德纳生产的著名葡萄酒，该酒倒入杯中时，冒出略带桃色的泡沫。看到这甜美的、泡沫腾涌的红色液体，品酒师也

海味

不禁惊恐地眉宇紧锁。尽管不能把它跟其他著名的汽酒品牌相提并论,但它与当地浓重口味的食物却是绝配。它与风靡美国的拉姆布鲁斯科可乐有天壤之别。最好的佳酿要数索伯拉,它有着红宝石的颜色、紫罗兰的浓香。

比较有名的是桑娇维赛红葡萄酒,产自由博洛尼亚至里米尼的高速公路南侧,余味干爽、醇厚。

名气更大的是产自福尔利南部的阿尔巴纳葡萄园的金黄色博蒂诺罗葡萄酒,这种葡萄只种于此地,再无他处。传说中,女皇盖拉·普拉西达看到串串葡萄,欣喜若狂,惊叹道:"我要喝由它酿的金色葡萄酒!"她是用拉丁语讲的(Voglio berti in oro),博蒂诺罗(Bertinoro)这个名字也由此诞生。

威尼斯美食

威尼斯人和米兰人一样,垂青于米饭,而不是面食。豌豆浓汤是米饭和新鲜豌豆的搭配,这道简单、合理的美餐是威尼斯历史悠久的一道特色菜。

威尼斯人喜欢海味胜过肉类。仅仅米饭加鱼肉就种类繁多,令人惊异。米饭可以加鳗鲡、鲜嫩的凤尾鱼、龙虾、海蜇虾、贻贝,甚至还有牡蛎。如果你不讨厌深色饭菜,喜欢浓重的鱼香的话,黑米拌上鱿鱼的黑汁会是一种美味组合。

意大利调味饭也是由肝脏、鸡内脏、田鸡腿、鹌鹑烹调而成。即使是以看似不起眼的屠夫宰杀后余留的下水为主料的菜品,也是令人食欲大增的美味。

鸡蛋羹

肉菜

虽然不避开使用肉类,但威尼斯人喜欢用其他的东西掩盖肉类自身的味道。人们倾向于炖煮,而不是烧烤。如果肉丸尝起来比普通肉丸子更香,是因为加入了鸡蛋,而鸡蛋已用甜柠檬、松果、葡萄、白兰地调味。

由于钟爱禽类,威尼斯人擅长用鸡肉、火鸡烹调精美菜肴。例如,将阉过的公鸡肉放入猪的膀胱,加牛

意大利比萨饼

肉粒、珍珠鸡,再上火煮。要做烤野鸭,得前一天晚上把野鸭浸泡在醋、百里香、龙蒿中,然后涂上黄油,上面撒上熏肉片,入烤箱烤15分钟。接下来把鸭子切片后,放入由葡萄酒、凤尾鱼片、洋葱、雷鸟混合而成的调料中。你会惊异地发现威尼斯式牛肝里竟然只是肝脏和洋葱——威尼斯人声称这道菜是他们发明的。

威尼斯海味

什么是威尼斯人的最爱?毫无疑问是海味。一顿饭通常以海味的开胃食物拉开序幕,一般是浇了本地鱼子酱的牡蛎,然后才是具有地方特色、风格各异的浓味鱼肉汤。

海味的主菜只是烹调中加上了多种精细的调料,调料的配方几乎能写一本书(就是鲭鱼片也是在黄油、面粉、鸡蛋黄、柠檬汁、醋、白葡萄酒、洋葱还有菠菜混合的调料中浸泡过的)。另外,意大利人对冷鱼有一种偏爱。你会吃到龙利鱼sole鱼片,下面铺有一层冰块、松子和葡萄;鲻鱼下面铺欧芹和橙片;还有各种涂有面包屑的小鱼散发着多种香草的香味。你还会尝到带壳的冷龙虾,下面铺一层莴苣,上面涂一层由蛋黄酱、白兰地、奶油混合的调味酱。

地方风味

城市的饮食习惯会相应影响周边地区:威尼斯的美食影响了从维罗纳到的里雅斯特的大片区域。就连拥有众多著名饭店和餐馆的帕多瓦也深受威尼斯烹调方式的影响(许多政治阴谋都是在帕德鲁奇饭店谋划的)。但帕多瓦的猪肉食品却是受到波伦亚人的熏陶。

维罗纳人钟爱的是汤团和捕自加尔达湖的鲜鱼。维琴察因其哥特式建筑和壁画被誉为"地上威尼斯"，这里有一道菜——砂锅炖鸡——这道菜可以追溯到伦巴德时期。火鸡、鸽子还有蜗牛都是当地的特色食品原料。

继续向山里走，贝卢诺地区盛行吃淳朴的山区食物，主要有豆类和玉米、大麦粥。特雷维索盛产淡水小龙虾，并拢手指即可抓到。仅鳗鲡就能做一桌鳗鲡宴，先是鳗鲡调味饭，接着是烤鳗鲡、煎鳗鲡、煮鳗鲡，只要是想到的，就能做出来。炖野兔是当地的一道特色菜。

弗留利，一个相对贫困的农业区，这里的人们主要以禽类和蔬菜为主食。的里雅斯特又一次再现了威尼斯对其饮食的影响力。和威尼斯一样，的里雅斯特人也偏好海味和稻米。这里的烹调还具有奥地利风格，代表性的食物是炖牛肉和烤点心。另外两种特色调味沙司分别是芦笋鸡蛋沙司和奶酪沙司，就是把奶酪和香草捣碎，装入一个大浅盘，依个人口味酌量添加。谈到馅饼，的里雅斯特有各种蛋糕、果馅饼，还有综合了威尼斯和维也纳风格的薄饼。一本烹调书能列出至少285个不同品种的馅饼。

威尼托葡萄酒

威尼托每年生产八亿五千多万升葡萄酒，其中绝大部分是廉价葡萄酒。只有9 100万升是意大利原产地特许酒DOC，主要产于加尔达湖邻近地区。单单维罗纳就生产出整个地区最负盛名的红葡萄酒，即巴多利诺酒、瓦尔波利塞拉酒，还有上好的苏瓦韦白葡萄酒。

> **DOC**
> 意大利原产地特许酒 DOC= Denominazione di Origine Controllata
> 意大利原产地高等特许酒 DOGC= Denominazione di Origine Controllata e Garantita

巴多利诺葡萄园位于勃伦纳高速公路与湖泊之间、维罗纳西北部。因清澈的红宝石色，巴多利诺酒常被人用"迷人"来形容，意思是清新雅致，饮后使人焕发活力。

阿迪杰河另一岸是生产瓦尔波利塞拉酒的葡萄园。这种酒更加醇厚，天鹅绒般深红色，余味略带杏仁苦味。

莎尼玛高速公路左侧通向威尼斯的地区是苏瓦韦白葡萄酒产区。苏瓦韦的意大利语是指"温和的"，这是对这种浅黄色酒的恰如其分的描述，事实上它是以葡萄园中部的苏瓦韦镇命名的。这里每年约生产4 000万升苏瓦韦白葡萄酒,实际销售量还远不止于此。还得看看酒瓶上的DOC标签。

维琴察后面的布雷冈泽地区和帕多瓦以北的尤根尼恩生产的葡萄在年收获量的平均水平以上。继续向东,到了特雷维索和科内利亚诺地区,这里有数不胜数的优质淡酒,有红的、白的,还有汽酒,都装在瓶里统称为普罗赛柯汽酒。

产于阿苏路和麦赛地区的托凯斯葡萄酒不像匈牙利托凯斯葡萄酒口味重、甜味浓,而是浅浅的黄色,适宜搭配海味。对弗留利和的里雅斯特地区的酒类品种应当多作了解。

利古里亚美食

和煦的阳光照耀着利古里亚的一草一木,而利古里亚也正利用了这一点。这里的饮食风俗形成于热那亚的水手和渔民,是为渴望海味的水手们量身定做的。

因此,芬芳的香草——尤其是罗勒这种植物,常被用来做香蒜沙司——还有馄饨,里面可以包各种杂碎做的馅。热那亚人对香蒜沙司顶礼膜拜,还会尽其所能做成各种成分的馅——你会发现馄饨中有海味甚至水果。他们还喜欢浓稠的汤,如渔村式海鲜汤,由肝脏和烩海鲜做成。由于利古里亚有高质量的橄榄油,大多数肉菜倾向于油煎。

热那亚人充分利用海岸云集的各种鱼类。鱼肉可以放进色拉、汤、炖肉、拌面食的酱中。其实,他们引以为豪的一道菜是精美的海味加上蔬菜色拉,下面铺一层海味饼干,形似壮观的金字塔。

香蒜面包

利古里亚葡萄酒

据说利古里亚生产65种不同类型的葡萄酒，其中只有两种美名远扬。多勒切卡产自圣雷莫后面的山区，白甜葡萄酒产自斯培西亚附近。

托斯卡纳美食

托斯卡纳以简洁的饮食风格著称，其美食主要依靠各种风味以及不同原料的混合。托斯卡纳人是狂热的肉食者，他们拿手的特色菜是佛罗伦萨大牛排——取材于产自瓦尔第基安娜的味道香美的T形牛排，蘸上油、胡椒粉，再用木火烧烤。

从理论上说，任何佛罗伦萨式番茄炖牛肚一类的菜都可能含有菠菜。不要上当，标签总是与实际成分不符，例如，佛罗伦萨式烤牛肝鼠尾草含有剁碎的猪内脏和茴香。做意大利调味饭要用加了鸡杂碎的肉酱，雉鸡和大豆汤是用洋葱、大蒜和西红柿酱做的——这是一种最受欢迎的托斯卡纳食物组合。

在这里，炖肉是指用红葡萄酒、洋葱、大蒜还有西红柿一起炖，常用这种方法烹调羊肉和鸡肉，如果加入蘑菇，就成了罐焖鸡。阿里斯塔是在火上叉烤的猪腰，魔鬼鸡肉是蘸了很多芥末的鸡肉。

野味和鸣禽也是这里的食料，包括野猪、野鸡、野兔、鹌鹑、画眉还有云雀和鸟鸫。

特色面食有烤宽面条，再加入炖野兔——还有烤碎肉卷，里面是各种肉馅，有鸡

烤鱼

内脏、块菌和干酪。

比萨以青蛙汤最负盛名，利伏诺则以海味为特色——这两种美味几乎都用油和西红柿烹调（试着尝尝红鲻鱼、贻贝和一种叫卡可图克的鱼汤）。

托斯卡纳葡萄酒

托斯卡纳就意味着基安蒂红葡萄酒。这一地区也生产其他葡萄酒，但基安蒂是最具特色的。它的名字来源于科兰蒂，是伊特鲁里亚人所称的佛罗伦萨至锡耶纳之间的盛产葡萄的山区的名字。这一地区生产的葡萄酒被称作古典基安蒂红葡萄酒，酒标上是中世纪的古老象征——红色、金色相间的圆圈内有一只黑色小公鸡。

经过历史的涤荡，按照一个半世纪以前贝蒂诺·里卡索里公爵流传下来的秘方，这些佳酿主要是以桑吉奥维托葡萄为主料，再加些卡内奥洛葡萄（据说是伊特鲁里亚葡萄）、梦华西雅白葡萄，还有扎比安奴葡萄。

葡萄酒

在基安蒂原产地约有800个酿酒商，他们的收获、生产都经过古典基安蒂酿酒协会的严格控制。还有一些种植大户尝试各种不同的勾兑，然后自己命名在市场上出售，不贴黑公鸡标签。

所有这些酒都是醇香型，带有持续的、浓郁扑鼻的单宁酸味道，而且大多数酒在发酵时都另外添加了备好的过熟的葡萄，发酵过程可以追溯到罗马时期。只有葡萄酒酿好，在木桶中保存了至少4年，才能称其为陈酿古典基安蒂。

这里也酿造为人们熟知的白葡萄酒，但从不叫做基安蒂酒。其中一种叫圣人康帝的茶色甜酒，深受维多利亚女王的喜爱。

除了古典类型酒，还有许多种基安蒂酒——比如裸童、王牌、费奥伦蒂尼、塞纳西、阿雷蒂尼、比萨尼、蒙塔巴诺等——虽不是很有名气，但仍然味美甘醇。

还有两种托斯卡纳名酒不应错过：分别是布鲁内洛·迪·蒙塔齐诺红酒和蒙地宝仙奴贵族葡萄酒。这两种酒都是红酒，高贵典雅，产自锡耶纳南部。白葡萄酒中，产

超级托斯卡纳

近来，一些高度数葡萄酒，即所谓超级托斯卡纳，已受到全世界品酒师的青睐。最受赞赏的是沙斯凯亚，出自来亨附近波尔盖里地区。同一地区出产的还有奥美拉雅和马昔陶。铁挪尼洛产自佛罗伦萨附近的安提洛尼。要品尝这些罕见、时尚、豪华的葡萄酒，每种至少要付100美元。

自卢卡东部山区的圣季米尼亚诺的维那恰和蒙特卡洛的都值得一尝。

要提醒的一点是，有两种基安蒂酒。一种装在酒椰叶编织的篮子里或半加仑瓶装的是地区专卖酒。另一种在托斯卡纳久负盛名的是获得原产地标志的葡萄酒，年产量约1亿升，产于自然条件良好的地区，其中最突出的就是古典基安蒂。

有250多家主要制造商生产古典基安蒂，其中一些高品质的酒还远销到世界各地。

翁布里亚美食

翁布里亚饮食风格类似于托斯卡纳，既朴实又自然，但不够精细。食物是为了满足身体和精神的需要，而不是激发想象力。由于当地生产牛肉和小麦，所以食料主要是以肉类和面类为主。翁布里亚也产黑块菌（斯波莱托和诺尔恰过去曾是意大利块菌种植中心）和种类各异的蘑菇。

翁布里亚的特色美食是烤乳猪——将乳猪用胡椒粉、香草充分腌制，在火上叉烤。另外一道名菜是羊排奶油蘑菇沙司，被称为"愤怒的羔羊"，因为要在熊熊烈火上烧烤。

这里还有大量的野味。要是白鸽子不合你的口味，用山林小溪中的鲑鱼还有特拉西梅诺湖中的欧鲤烹制的菜肴都堪称佳肴。

当地的美食家喜欢称道翁布里亚饮食的"含蓄与纯正"，主要是翁布里亚饮食源自天然优质的原料和简洁的烹调手法。

蘑菇

翁布里亚葡萄酒

翁布里亚唯一知名的葡萄酒是奥尔维特，一种淡黄色干葡萄酒，带有淡雅的清香和浓厚的余味。如同意大利中部其他城市，翁布里亚葡萄酒也是由特比安诺和玛尔维莎地区的葡萄酿造的。

翁布里亚人会说特拉西梅诺山区生产的红葡萄酒类似于基安蒂，但托斯卡纳人绝不会这么认为。

马尔凯美食

马尔凯有两种独特风味，想要品尝它们取决于你身处山区还是海边。

内陆地区的菜品

"粗糙但可口"是美食家给予内陆地区饭菜的评价，这也是意大利中部地区饮食的典型特点。但在阿斯科利皮切洛羊肉和猪肉深受欢迎，腌制橄榄随处可见。

马切拉塔人声称能做出最美味的烤猪肉，而且他们创造了当地的特色食品，即芬奇格拉西（从音韵上看，是以奥地利王子温迪施格雷茨的名字命名的），是一种非常油腻的烤宽面条。另外，由于是养猪之乡，这里的熏火腿比帕尔玛的意大利式风干火腿更松软、更香嫩。

海岸地区的菜品

离海岸线还有20公里（12.4英里）时你就来到另一个奇妙世界，这里充满新鲜的海味，鱼贝类炖汤就是其显著的标志。从的里雅斯特到圣雷莫，沿意大利海岸，想吃鱼汤极其容易，但马尔凯的布罗代托鱼汤是献给众神的美味。据说在雷嘉那提港口这道菜做得最好，用藏红花入味，装上满满的鱼肉——尤其是石鱼——这样几乎看不到汤了。

马尔凯葡萄酒

尽管马尔凯不是以葡萄酒闻名，但很少有人没听说过维乐迪奇奥城堡起泡酒，这种葡萄酒在意大利年销售量650万升，装在双耳细颈椭圆土罐里出口。它是晶莹的淡黄色，清澈甘醇，由维乐迪奇奥葡萄加少许特比安诺或玛尔维莎葡萄酿造而成，占到马尔凯有原产地特许的葡萄酒的产量的一半。

再有就是彼切诺红葡萄酒和格耐罗当地红葡萄酒，这两种酒都香味醇厚，呈鲜艳的红宝石色，都带有坚果余香。近来，这两种酒都在国际场合崭露头角。在2000年的纽约国际酒类评审大会上，一种叫卡斯特里迪莱希的佳酿名列前茅。

阿布鲁齐和莫利塞美食

阿布鲁齐和莫利塞属于山区，山区高地喂养着奶牛、绵羊。这里的每个小镇都有自身的特色。当地人擅长烹调羊肉，做热腾腾、香喷喷的汤，随意地用奶酪、红辣椒还有香草给食物分层。

可以使他们的技艺得到充分发挥的要数帕纳达宴席，这种传统的宴席至少有30道菜，吃这种宴席，当你感觉接近宴席尾声的时候，其实才又刚刚开始。

阿布鲁齐和莫利塞葡萄酒

这里曾经是重要的葡萄酒产地，今天仍然酿造一些适宜的酒品——如阿布鲁齐蒙帕塞诺、佩里格诺、塞拉索拉等——尽管名气不够大。

阿普利亚美食

阿普利亚有着古老的文明，它悠远的历史创造了品种繁多的饮食。海岸边，各种海味应有尽有，通常以各种复杂手法烹调，经过精细的加工展现出来（贻贝经过紫外线杀菌）。但内陆地区烹调风格的精髓在于淳朴、简洁。

许多动物下水都成为菜品的原料，例如用羔羊内脏做出来的一道菜品名叫orecchiette，意即"用面捏的小耳朵"，味道大大赛过意大利波隆那肉酱面（ragu）——还有新鲜的蔬菜和色拉也是家常食品。面食花样繁多，但ragu的做法几乎一律都是在肉酱底料中加入蔬菜。如果在肉酱中用洋葱替代大蒜，味道会更香美，但是在spaghetti alla zapatora（意即挖沟者的细面条）中一定要用上蒜泥和红甘椒。

海味

除了下水和香肠，如果说阿普利亚人不怎么吃肉的话，那是因为他们吃太多的鱼，吃鱼肉不仅经济实惠而且适应当地气候。尝一尝加里波底（Gallipoli）鱼汤，如同古希腊人做的一样，或尝一尝塔兰托（Taranto）鱼汤，里面会有牡蛎。在布林迪西（Brindisi），新鲜的凤尾鱼通常会撒上面包屑，然后用炉烤。黑贻贝加土豆烤制。鳗鲡总是放在太阳下晒干再用。

酒

阿普利亚葡萄酒

阿普利亚一年产出2亿多加仑葡萄酒，大部分用来替代北方葡萄酒，以及进一步加工成苦艾酒。这是一种粗犷的烈性酒，很多人直接从木桶饮用。但精选的葡萄要经过独立加工成酒，然后装瓶。有的酒为纪念弗雷德里克二世，贴上斯维亚塔和蒙特利堡的标签。

> **值得期待的品牌酒**
>
> 萨瑟瓦罗是值得期待的一个品牌（它的红葡萄酒是由阿布鲁奇蒙帕塞诺和桑娇维赛两地葡萄融合酿造而成，白葡萄酒由特比安诺和博比诺两地葡萄融合酿制而成）。这几种葡萄酒类似于特鲁利地区的淡黄色洛可罗通多，酒精含量高，储存时间较长。还有17度的甜酒，最有名的是特拉尼的莫斯卡托——和酿造阿斯蒂起泡酒（使用的葡萄原料完全相同）。

巴西利卡塔美食

巴西利卡塔一直以来都很贫困,总有一种人不敷出的境况。饮食以当地食物为主,不善混合食物,但通常用红辣椒、红甘椒、生姜入味,味浓口重——甚至在煎鸡蛋中也加这些调料。

巴西利卡塔葡萄酒

如果说巴西利卡塔钟情于辛辣、味重的食物,也没有什么酒可以帮助咽下这些食物。巴西利卡塔只有一种酒——阿格利阿尼克·得尔·沃尔图尔,别无其他。这是种烈性酒,呈石榴色,味道不错。喜欢开胃酒的话,可以尝一点泡沫丰富的白阿斯普林格。

卡拉布里亚美食

卡拉布里亚食物以面食、蔬菜为主——还有猪肉,卡拉布里亚人用猪肉做成种类齐全的香肠和盐腌肉。这三种主要原材料通常放在一个锅里,这样一顿家常饭一般有一道浓浓的汤,最后还有奶酪或水果。卡拉布里亚人会告诉你汤的七大功能:"减缓饥饿,消除口渴,享受美味,清爽牙齿,安神补脑,消食助脾,养颜美容。"

辣椒

可是,当今社会正经历着一场烹饪改革,各类海味——包括从旗鱼、金枪鱼到巴西利跟鳀鱼、腌章鱼——都和传统菜品一道不断更新,进入菜谱,以满足客人现代口味的需求。

你会领略到其他特色菜的美味,如浇柠檬油汁的旗鱼片、茄合、橄榄蘸蒜、蜗牛面。还有卡拉布里亚最突出的特色菜莫塞度——一堆猪内脏,加西红柿酱和香料入味,以比萨大小的坚硬物铺底。

卡拉布里亚葡萄酒

卡拉布里亚并不盛产葡萄酒。这里唯一标注原产地特许的酒品是西洛，一种味道与西西里马沙拉白葡萄酒相似的干红葡萄酒，产自卡坦扎罗周边地区。

萨乌托酒过去曾被思乡的卡拉布里亚人出口到美国，饮用这种烈酒时一定要有节制。除非你心甘情愿照顾一个喝得酩酊大醉的人，否则一定要劝你的朋友少喝为妙。在斯奎拉切，有种格莱克迪格雷科酒，需要两棵葡萄树的葡萄才能酿出一升，但酒质细腻，酒精含量约19度。问题是，这种酒酿造成本太高。

柠檬

西西里岛美食

西西里岛盛产大量的谷物、酒类、蔬菜、橄榄油，还是全国最大的柑橘类水果产地——在西西里岛，无论走到哪里，都能闻到柠檬、柑橘的香味。然而，古阿拉伯的统治也对西西里岛饮食有着深远的影响。丹吉尔或突尼斯街头的各种糖果、蜜饯构成了西西里岛美食的重要组成部分。即便是最有名的冰激凌也是源于为沙漠里的撒拉逊人降温防暑的冰冻果子露。

奶油甜馅煎饼卷（装在圆柱形容器中的馅饼皮，里面包有蜂蜜和杏仁糊）和卡萨塔冰激凌（加了香草冰激凌的奶油蛋糕，上面撒有甜水果）都从撒拉逊人那里继承而来，和西西里岛许多杏仁蛋白软糖一样，也是源于阿拉伯的马达班。

差别强烈的味道的融合

西西里的烹饪是充满了奇特的味道和强烈差别的食物的组合——以烩茄子为例，用龙虾、章鱼、茄子还有煮熟硬的蛋做成，再加巧克力汁。大多数菜看似荒唐，实质是颜色和外形的精美组合。

虽然在菜单上肉类并不出众，但小的野味却独树一帜，你可能会吃到糖醋茄子炖野兔。

意大利干面有多种做法，但人们所喜爱的是通心面加干酪，和随处可见的茄子一起上炉烤制。

这里有数不胜数的海味和炒肉及外卖食品——这是西西里岛生活的一大特点，这里全天24小时不间断提供各种小吃、快餐，通常是一些花样繁多的面包制品（如夹奶酪、腊肠、肉酱的小圆面包，或加鸡肉豌豆汤和调味酱）。

西西里岛葡萄酒

马沙拉葡萄酒（得名于阿拉伯的港口城市马鲁特港）是西西里岛最著名的葡萄酒。满怀与这个港口和马德拉群岛抗衡的希望，约翰·伍德豪斯于1773年着手开发西西里岛西部的葡萄园，很快地马沙拉白葡萄酒在英国备受青睐。

它是将白酒酒精添加入当地酿造的白葡萄酒中，然后倒入煮沸的葡萄汁，这样形成了马沙拉的茶色。最后酿成的酒香甜可口，但糖分都凝结在了木桶上。所以马沙拉存放越久，越是甘醇。

西西里岛所属各地都自产葡萄酒，但大部分都不用于商业目的。只有产自巴勒莫的红、白克沃迪萨拉帕鲁塔酒例外，它们都是部级宴会和意大利航空公司的专用酒品。

西红柿

那波利美食

坎帕尼亚菜系其实就是那波利的烹饪，自然以西红柿为主要食料。自罗马时期以来，那波利面食往往指通心面或比萨饼。

在昔日的岁月，人们总是把长长的意大利

通心面即中空的面食，挂在风车的帆上晾干（上面还挂着洗净的衣物），然后再截成短面条，拌上烹调难度较大的新鲜西红柿，吃起来比其他任何地方的面都香脆。

正是在那波利街面上比萨饼才得以问世——也许它是最早的快餐食品。早期的比萨饼上面只简单地撒些西红柿和大蒜，被称为海员式沙司，但和海鲜没有任何关系。

烤全乳猪

所有地中海海域的常见鱼类在这儿都能品尝到，一般是煎炸的，传统的鱼汤可以用身边的随便哪一种鱼进行加工。不过，如果要点那波利汤时，需注意——它的主要成分是剁碎的猪心脏和猪肺（还有食管和气管），加西红柿和洋葱一起进食。

烤羊小头是烘烤羔羊头。羊脑一般加面包屑然后嫩煎。猪排骨加胡椒和蘑菇，炖熟叫做阿拉纳波莱塔纳。注意不要同萨拉塔阿拉纳波莱塔纳混淆，其中不含生菜，但有花椰菜和凤尾鱼片。

坎帕尼亚葡萄酒

罗马学者普林尼、罗马诗人贺瑞斯曾对法勒诺大加赞叹——这是一种名声不算显赫的干白葡萄酒，和很多水果酸变葡萄酒一样，产于那波利北部。

出自维苏威火山南坡的著名的耶稣泪之所以闻名遐迩，仅仅是由于它独特的名字和市面上太多的仿造品。

那波利人所选择的是佐餐酒，一种来自斯岚奇的醇厚的红葡萄酒，带有悦人的坚果香味，而且甜美可口（略带烦人的紫色泡沫）。

另外一种上好的选择是卡普里酒，用贝类食物下酒更是绝美。

拉齐奥美食

罗马的烹饪即伊特鲁里亚的烹饪，美食家们如此评价。罗马的饮食也类似于托斯卡纳的饮食，但本质上更为丰富、多样。这座城市的热情和随性也表现在它的饮食上，浓香扑鼻，也许显得油腻、味重。

毫无疑问，在火上叉烤全乳猪是罗马具有象征意义的菜品。同样具有象征性的菜品还有用屠宰场遗留的所有东西（包括动物心脏、内脏、尾巴、鞭）做的美食。

在罗马

- Abbacchio——未吃过草的羔羊，在火上叉烤或加迷迭香用烤箱烧烤。
- Saltimbocca——薄牛肉片上叉烤成火腿片，用马沙拉白葡萄酒炖。
- Coda alla Vaccinara——整个牛尾，用葡萄酒煨，加芹菜和西红柿酱。
- Stufatino alla romana——慢炖牛肋骨。
- Pollo alla Diavola——烤鸡（大量胡椒使菜辣极了）。
- Suppli al telefono——炸米饼，衬有水牛牛奶做的干酪馅，咬时像电话软线在下颚来回摇摆。
- Gnocchi alla Ramana——粗粒小麦粉放入牛奶，煮沸，加入脱脂乳制的硬干酪、打匀的鸡蛋，然后放入烤箱烘焙（当加入土豆泥时，布丁是淡的）。
- Fettuccine al burro——意大利干面条，拌入搓碎的奶酪和大量黄油。
- Zuppa d'Arzilla——由台伯河河口捕到的泥土味的鱼、七鳃鳗、章鱼炖的鱼汤（在罗马，brodetto 表示加入蛋黄的羊肉浓汤）。
- Stracciatella——煮沸的清肉汤，加一层薄鸡蛋糕，鸡蛋糕散成碎片（也有冰激凌味的）。
- Melanzane al forno——薄茄子片、西红柿、干酪，放入烤炉烘烤。用金属容器盛放，本身就完全是一顿饭。
- Carciofi alla romana——用有盖的焙盘烹调朝鲜蓟，加入薄荷叶和大蒜。
- Insalata di misticanza——茴香、西红柿、萝卜。

罗马人认为要完整地做好一道色拉需要4个人：一个哲学家调酱汁，一个吝啬鬼放醋，一个挥霍的人加油脂，还要一个疯子搅拌。

蔬菜色拉

罗马葡萄酒

罗马最受欢迎的葡萄酒是产自奥尔本山区的卡斯特里罗马尼，弗拉斯卡蒂白葡萄甜酒尤其受到当地人的喜爱。弗拉斯卡蒂多是白葡萄酒，用独特的细身瓶装，有干、半甜、甜味三大类别。产自冈多菲堡周边地区的马力诺酒，被认为是具有

露天酒吧

最佳品质的酒,尤其从桶中取来直接饮用时更是别具风味。红仙妮丝葡萄酒产于科辛朗尼,也颇受欢迎。

对于外国人来说,拉齐奥最出名的葡萄酒是伊斯特!对,就是伊斯特!!还能不是伊斯特吗!!!它之所以出名也是由于它的名字。故事发生在1110年的罗马,一位名为约翰·福格的红衣主教派他的随从寻访有上好葡萄酒的小酒店,并吩咐一旦找到就用粉笔在门上作"Est"(伊斯特,意即这里)标记。结果,约翰·福格在蒙蒂菲阿斯科尼的一家酒馆门前找到了烂醉如泥的随从,酒馆门上涂着"Est!Est!!Est!!!"的字样。主教带给蒙蒂菲阿斯科尼葡萄酒诸多名誉,以至于他死后就埋葬在这里。直到今天,在圣弗拉维阿诺墓地的墓碑上,仍然能够看到拉丁文写的碑文:"由于伊斯特,由于太多的伊斯特,Jo Defuk(石匠,拼写错误)在这里安息。"

餐桌礼仪

如果您接到邀请,到一家意大利人家或饭店参加两人以上的聚会,以下就是应当注意的基本礼仪:

- ■ 坐在事先预留的位置上。
- ■ 将双臂的前部放在餐桌上,不要将肘部放在餐桌上。
- ■ 如面前有多只酒杯和餐具,不必惊慌,这只表明食物丰盛。进餐时餐具或酒杯都是先用最外侧的,然后由外至内,依次使用。至于酒杯,服务员会斟酒。如果没有服务员来斟酒,就用较大的杯子喝水,较小的喝酒。如果有一只特大号杯子,说明会有一种特别的酒品。

关手机图标

- 不要先于男、女主人用餐。
- 如果是用托盘用餐，当你盘中食物足够时，说"Basta grazie"（"足够了，谢谢"）。
- 如果需要什么，却够不到时，可以说"Posso avere del pane per favore"（"我可以要些面包吗"）或直接找服务员。
- 意大利人用餐时，会评论食物好坏。如果你满意，可以说"E' buonissimo!"（"太棒了！"）
- 用餐过程中应当关闭手机。
- 以某种方式，与坐在身边的人以及男、女主人交流。至少也要说上几句话，必要的话，可以事先准备几个问题。
- 在用餐过程中，如果确实需要离开餐桌，要说"Scusatemi"（"请原谅"）。你必须解释离开的详细理由。
- 当男、女主人站起身来时，应当同时站起。
- 告别时，可以说"Grazie per l'ottima cena e per la squisita compagnia"（"感谢丰盛的美餐和愉快的陪伴"）。

第七章

享受文化

"上帝创造意大利时,看着米开朗琪罗的设计说:'行,把这些都堆在一起吧!'"

——马克·吐温

建筑

根据联合国教科文组织的统计，在意大利能够欣赏到全世界50%以上的杰出艺术作品。这一惊人的数字背后是其深远悠久的历史传统。3 000年前，铁器时代的维朗诺瓦文化已在制作小而精致的工艺品。但第一次真正的艺术冲动始于希腊人对南方大部的占领，以及伊特鲁里亚人在半岛中部的定居，当时罗马帝国即将建立。

基于战略因素的考虑，伊特鲁里亚人在台伯河与亚诺河之间形成了松散的城邦，他们开发了这一地区的矿产资源，将一批又一批东方人吸引至托斯卡纳。埃特鲁斯坎市场充满了来自东方的商品——金、银、象牙、宝石、珠宝、各式各样的鸵鸟蛋壳、散发蓝色光泽的陶器——腓尼基船只穿越地中海，为伊特鲁里亚人换来了铁矿石、铜、锡、锌以及其他金属。

伊特鲁里亚人穿东方式长袍、着希腊式凉鞋、戴帽子。他们用吕底亚的皇家勋章，钻研东方的占卜术，修建类似古埃及人的拱顶墓穴。墓穴一般是用岩石雕刻，刻满了描绘宴席、舞蹈、运动竞赛等内容的壁画，使我们能够了解当时的生活状况。

除了四周气势雄宏的围墙和一些有纪念意义的弓形通关，伊特鲁里亚城的遗迹，甚至寺庙都是由木材和陶土砖块、瓦片修建而成。这是由于当时的建筑风格形成的。

然而，希腊人却采用耐久、美观的石砖作为建筑材料，这类建筑的典型范例体现在佩斯敦（现在的佩斯托）、阿格里真托、色格塔、瑟林那斯。卡坦扎罗（位于意大利南部的古希腊海港）与隔海相望的故乡保持着商贸往来，成为托斯卡纳沿岸希腊船运货物的集散地。伊特鲁里亚人吸收了希腊的语言表达方式、神话符号以及传说故事和艺术手法。

比萨斜塔

罗马时期

与此形成对照的是，注重实用的罗马人并不擅长开发自身的艺术天赋。多少世纪以来，他们满足于引进希腊的艺术作品，授权伊特鲁里亚人设计庙宇。直到公元前2世纪，罗马艺术的突出表现是官方用途的功能性雕刻，后来才相继出现了艺术雕塑。

早期的罗马建筑主要是防御城墙、沟壑以及公

斗兽场

共建设工程。私人住宅一般是简单的、毫无装饰的结构，内部有专门收集雨水的中庭（这种基本设计经历了多少世纪保持不变，充分表明普通罗马家庭的独立意识）。

利用伊特鲁里亚人的圆形拱门结构，罗马人建立了凯旋门和用于政治会议的宏伟会堂。那里的圆形剧场运用了双重多利安式、离子式、科林斯式圆柱技巧——建于公元前80年的罗马圆形大剧场是典型范例。罗马人总是前往凯旋柱展示他们的战利品。

罗马城市的建筑特点是跨越台伯河的10座桥和看似堡垒的塔形侧翼通道。和所有古罗马的城市一样，首都人的生活也围绕在城镇广场周围——这是一个露天广场，两侧是柱廊和供人们集会的公共建筑物。

最古老、最使人引发联想的要数庞贝城的广场，这是一个宏伟的长方形广场，三面环有成对的柱廊，正面是朱庇特神庙。在皇家宫殿中，只有6处遗迹保存下来。其中，保存最完好的是克罗地亚斯普利特（斯巴拉多）的迪奥克莱汀宫殿。这座长方形的宫殿四周高墙环绕，代表着近代罗马建筑的特点。三个入口有塔楼防卫，内部的四个正方形建筑围绕着中央的神殿。细究其意义和用途，这座庄严的宫殿俨然一个军营。

环意大利和昔日罗马帝国四周，处处散落着各种剧院、运动场、游泳浴场、沟壑等场所的遗迹，见证了罗马人对牢固的民用建筑的饱满热情。今天的许多意大利城镇便是建于古罗马建筑的基础之上。

当时的雕塑主要是雕像艺术，因为在帝国时期铜和大理石深受热爱——事实上有

天使雕像

140尊奥古斯都雕像保存下来。安东尼王朝时期，用钻子来雕刻人物发型，并使得人物眼睛更传神。

绘画艺术于公元前2世纪开始流行，一般用于公共建筑和民用住宅的壁画。这类艺术典范所留无几，只有在庞培和赫库兰尼姆能欣赏到罗马最出色的艺术作品。

经历了历史荡涤的还有罗马的镶嵌地板，直至今日还有刚出土的镶嵌地板。嵌花工艺还用于装饰墙面和拱形屋顶——拉文纳就是一例。

基督教艺术

早期的基督教徒死后埋葬于茔窟中，而不是火葬。基于当时的传统，正是在罗马，基督教艺术开始繁衍。

最先的教堂仿照异教庙宇修建，每面墙带有柱廊，中央有洗礼盘。中央广场是牧师的位置，通常男人在他们的右边，女人在左边。圣坛、主教席位于教堂半圆形的后殿；后殿下方是个地下室，用来存放殉教者的遗物，从一个小口能看到里面。

另外，还有圆形陵墓和洗礼池，这也是效仿异教徒的神祠，其主要特点是周边所有点与中心是等距的，且属于穹顶覆盖范围。

传统看法认为拜占庭时期始于公元540年东罗马帝国皇帝君士坦丁对拉文纳的占领，但实际上拉文纳的大纪念碑记载的却是不同的。

外形类似罗马的十字架，卡拉·普拉西亚（奢华无度、统治帝国的美貌的公主）陵墓和矗立在古罗马浴场的东正教洗礼池都建于5世纪。阿里乌斯派洗礼池和西奥多里克墓则建于5、6世纪之交。公元547年的圣维托八角形教堂是用作祭祀的。

所有这些拜占庭建筑风格都运用神秘、多彩的镶嵌艺术，这也是早期基督教艺术最宏大的表现手法，胜过当时威尼斯和君士坦丁堡的建筑。

罗马艺术

封建制度的衰败和自由公社的诞生为贸易发展开辟了道路。随着城市中心的发展，涌现出新的一类富有的市民和手艺人，他们固有的才智造就了新的艺术类型。这就是众所周知的罗马式艺术。

罗马式建筑最纯正的代表在伦巴第和艾米利亚（包括米兰的圣安布罗吉奥大教堂、帕维亚的圣米凯莱大教堂、摩德纳的大教堂）。

这种艺术对其他地区也颇具影响力。在威尼托，罗马式风格欲与拜占庭风格融为一体；在圣马可，半圆形拱门正面恰恰衬托了拜占庭式穹顶及其装饰。

托斯卡纳的建筑具有线条清晰、装饰简洁的特点，大量使用彩色大理石。

在南方和西西里岛，穹顶、马蹄状拱门、细窄的钟楼、五彩的装饰交相辉映，充分体现了拜占庭、阿拉伯、诺曼底建筑艺术对罗马式建筑的深刻影响。

罗马式建筑时期一个突出的特点是修建了专供僧侣用的修道院。除了这些宗教用途的建筑，民用建筑也大量增加——如市政广场、私人公寓。各城镇都筑以防御围墙，尽管今天围墙遗迹已与后世建筑融为一体，但其断垣仍依稀可见。绘画方面，主要是风格迥异的两派：沿袭拜占庭抽象艺术传统的威尼斯画派和展现现实风格的伦巴第画派。

同时，在全国的各大修道院，兢兢业业的文书们将古典文本制成精美的彩色稿本。

13世纪的绘画艺术

时至13世纪末，契马布埃和乔托开创了绘画艺术先河。在一系列描绘基督受难的画作中，契马布埃将耶稣基督描绘为一个战

罗马人民广场

胜死亡的胜利者，而不是遭受苦难的被压迫者。这在画面再现手法上是一个重大转折点。后来他收乔托为徒，师徒二人引入全新的自然主义风格，享誉一时。

当时的佛罗伦萨也在大兴土木，一些著名领袖下令修建教堂，这些教堂完全是新式的。其中最雄浑壮观的要数大教堂，它是在阿诺芙·迪·坎比奥指导之下（但丁也在指导之列）修建的，但在百年之后伴随着布鲁内莱斯基新奇的穹顶的完工，整个大教堂工程才得以圆满结束。

世俗艺术也有很大发展。韦奇奥宫和巴杰罗美术馆展现出强烈的节奏韵味和独具匠心的外形设计。乔托对建筑的影响力随处可见——当然还有皮萨诺的艺术，当年他来到佛罗伦萨，要求建立洗礼门，以符合他优雅的神韵。总之，乔托神奇的艺术力量体现在他创作的帕多瓦和阿西西的壁画中。

另外，杜契尔（1255—1318），锡耶纳的首位画家，融合了拜占庭和哥特式艺术风格，将他的阅历投入到微缩图画的创作中。他高超的技艺——丰富微妙的颜色，配以金箔的使用——将成为随后两个世纪锡耶纳画派的主要特征。

哥特式艺术

如果说哥特式艺术原本是从法国引入的，那么在意大利它带有更古典的意味，一改罗马式艺术的精髓，以求满足宗教与世俗的双重需要。同时，它也标志着艺术家技艺的解放，将个人艺术特点赋予作品。

米兰大教堂常被看做是哥特式艺术的典范之作，该教堂于1386年动工，直到19世纪完工。米兰大教堂展现了各种建筑特色——仅正面就采用了哥特式斜面墙、14世纪的矩形窗户，还有拿破仑风格的凉廊。

佛罗伦萨韦奇奥宫

米兰大教堂

在大多数城镇和城市,市政大楼与各大教堂竞相矗立,争奇斗艳,如威尼斯的总督宫殿与皮亚琴察和锡耶纳的共和广场。

其他哥特式建筑还有维尔切利的圣安德里亚大教堂、帕尔玛的洗礼池、未完工的锡耶纳大教堂(由于瘟疫遭遗弃)、奥尔维耶托大教堂,还有佛罗伦萨大教堂。

哥特艺术时期,艺术家们追求更现实、更纯正的表现形式。在14世纪上半叶,托斯卡纳绘画是至高无上的,佛罗伦萨和锡耶纳是其两大画派。

在佛罗伦萨,马索·狄·班可、达蒂、特达·高迪是乔托的继承人。在锡耶纳,西蒙·马丁尼和洛伦泽蒂兄弟追随着杜契奥,然而他们对乔托也久持仰慕之心。因此,两个画派之间存在着风格的联系。

15世纪意大利艺术

正是15世纪,佛罗伦萨目睹了人文主义的胜利。与哥特式传统相对,15世纪的艺术家试图追求古典精神的回归。他们不认为艺术是一种体力活动,而是智力活动的体现。人类需要客观地从多方面欣赏自然之美,历史是一个不断进化的过程。对他们来说,文化反映了公共生活。艺术家、画家亦能成为建筑师、思想家,哲学家也能成为艺术家,其间的联系神奇奥妙。

以下是15世纪的杰出人物代表,他们大部分是托斯卡纳人。

- 布鲁内莱斯基(Filippo Brunelleschi)(1377—1446),在古罗马学习透视法和建筑方法之前,早在佛罗伦萨已参加过洗礼门的雕塑竞赛,从而开始了他的职业生涯。他所关注的主要是城市规划、建筑物与周边环境的协调。在佛罗伦萨,他于1418年为梅迪奇设计了圣罗伦索教堂、孤儿院、帕帕拉奇小礼拜堂、圣灵教堂。但他最高的成就在于花费14年心血设计而成的宏伟壮美的大教堂穹顶,该大教堂穹顶于1434年竣工。

- 莱昂·巴蒂斯塔·阿尔伯蒂(Leon Battista Alberti)(1404—1472),哲学家、理论家、建筑师,是人文主义思想的主要代表。他对雕塑、绘画、建筑的论述成为整个运动公认的理论指导。阿尔伯蒂认为,雕塑和绘画不应单纯是装饰性的,而应截然分离。在古典主义回归之时,他区别了两种完全不同的发展态势:以艺术家德拉·洛比阿斯和吉贝尔蒂为首的希腊传统,以达那提罗为代表的罗马传统。阿尔伯蒂的建筑理念充分体现在里米尼马拉泰斯塔寺、鲁切拉宫、佛罗伦萨圣母玛丽亚-诺韦拉教堂的突出正面、曼图亚的圣安德里亚教堂。

- 洛伦佐·吉布尔蒂(Lorenzo Ghiberti)(1378—1455)认为,透视方法应当是一种风格的表达方式,而不是作为艺术家必须遵守的要求。尽管他作为雕塑家、金匠、作家也颇有建树,但他最卓越的成就在于佛罗伦萨的洗礼门。吉布尔蒂为制作这些门建立了一个大的加工场,而且他的工作室也是为下一代艺术家,如托纳多雷、马佐利诺、乌切洛提供培训的主要场所。

- 卢卡·德拉·罗比亚(Luca della Robbia)(1400—1482),一个著名的佛罗伦萨制陶家庭的领头人,完善了上釉赤土陶器的制作工艺。直到今天,这种工艺仍是无法超越的,而工艺的秘诀外界人士则无从得知。他利用自己的制陶术,装饰了佛罗伦萨小教堂、乔托的钟楼还有许多其他的教堂,其特点在于以象牙白为前景、以浅蓝色为背景,用温和、沉寂的手法处理。他的侄子安德烈·德拉·罗比亚(Andrea della Robbia)

佛罗伦萨教堂的壁画

基督复活画

（1435—1525）将更多优雅、多彩的元素纳入到陶艺范围中来。他大力推行花饰陶器——在阿雷佐、锡耶纳、普拉托、皮斯托亚、卡斯泰洛城、佛罗伦萨都能看到——由于背景对绿色和黄色的巧妙运用而深受喜爱。

- 多纳泰罗（Donatello）（1386—1466），大概可以被称为米开朗琪罗之前佛罗伦萨最著名的雕塑家，也是15世纪最出色的个人艺术家。正如布鲁内莱斯基，他也是个人文主义者，但二者风格不同，布鲁内莱斯基对人文主义的理解是理性、智慧的，而多纳泰罗的解释是自然、丰富的，且带有一种对过去的尊重。这种结合使他的作品宏大，具有独创性。《施洗者圣约翰》（1415）、《圣乔治》（1416）、《大卫》（1440）均是他的惊人之作，风格大胆、有力。15世纪晚期的许多作品都受到他的影响，如整个潘杜安画派的作品，通过曼特尼亚和贝里尼，多纳泰罗的影响力甚至远播到威尼斯。

- 马萨乔（Masaccio）（1401—1428）创立了绘画中所谓的"英雄式"。严谨的态度一直是这位佛罗伦萨天才的最大特点，他对人体一丝不苟的思索对后世的艺术家起着决定性的作用。他是列奥纳多和米开朗琪罗形成他们的艺术风格之前真正的先行者，他将《宗徒大事录》中的人物刻画成英雄形象，在画作的有限空间里容纳了众多人物形象，构图严谨，接近于几何形状，画家利用光影的明亮度达到现实主义的效果。

■ 保罗·乌切洛（Paolo Uccello）（1397—1475）由帮助吉贝尔蒂修建佛罗伦萨洗礼门开始从艺，随后跟随多纳泰罗在威尼斯和帕多瓦从事圣马可的镶嵌艺术。他的绘画以奇异的、超现实主义的风格而独树一帜——《圣徒乔治》、《龙》、《圣罗马诺德战役》系列——这些作品被看做是当代艺术潮流，即立体派向超现实派过渡的先驱。

■ 彼耶罗·德拉·弗朗西斯卡（Piero della Francesca）（1415—1492）是这个伟大时代出色的艺术家。他描绘的十字架的故事、阿雷佐的壁画，将传说演绎成壮观的礼拜、祭奠场面。蒙特其镇小礼拜堂的《怀孕的圣母》将人世的真实与神奇合二为一，他的作品《耶稣复活》引起强烈的反响，《乌比诺的迪托克》高扬个体的人性与尊严。

■ 桑德罗·波堤切利（Sandro Botticelli）（1445—1510）一生短暂而辉煌。年仅25岁时，便拥有自己的画室。他的绘画涉及哲学、宗教、道德等题材。事实上，他的神话题材作品——《春》与《维纳斯的诞生》——蕴涵着丰富的寓意和基督教内容，因此表现古老意味一直是他刻意的追求。

　　1481年到1482年间，波堤切利和基尔兰达约、科西莫、罗赛利以及比鲁其诺为西斯廷礼拜堂创造壁画。

■ 多美尼科·基尔兰达约（Ghirlandaio）（1449—1494）是他同时代最出色的壁画作家。他赋予作品自然、细腻的风格，与当时的流行趋势相吻合，使他备受青睐。他与他的两兄弟（以及学徒米开朗琪罗）共同创作的《葆帝嘉》正迎合了日益兴起的工商阶层的口味。他还将当地显赫人物的画像与宗教背景相结合，这种做法也说明当时的佛罗伦萨实质上几乎没有教堂，只有个别祭坛。

■ 平托瑞丘（Pinturicchio）（1454—1513）曾在梵蒂冈波几亚公寓与彼卢基诺共事，之后在锡耶纳皮萨诺米尼图书馆与拉斐尔合作共创《庇护二世》。他被推举为一家作坊的领头人，这家作坊的作品刻意追求珍稀、奇异的艺术风格和富贵、华美的艺术效果。由于首次运用"奇异风格"来勾画奢华、好似仙境的场景，因此他的作品轻松愉悦、引人入胜。

■ 曼特尼亚（Mantegna）（1431—1506）创作的婚礼大厅的壁画，是"错视画派"（译者注：一种非常特别的艺术形式——trompe l'oeil。这个词原是法语，其中，trompe是迷惑、欺瞒或障眼法之意，l'oeil则是眼睛，trompe l'oeil可被理解为欺骗眼睛，这是一种试图让人产生立体空间感的平面作画技法）的代表作，由此他成为曼图亚的宫廷画师。作为15世纪的古文物研究者，他所刻画的宗教主题与当时的罗马历史主题相抵触——粗糙的人物沐浴着蓝灰的天色行于崇山之间。正是由于他，才使得德国人尤其是丢勒，发现了意大利，发现了古老文明，发现了文艺复兴。

- 安托内洛（Antonello）（1430—1479）曾在那波利接受培训，随后到过米兰、威尼斯。受北方虔诚精神的影响，加上他自身南方的品位，增强了他的可塑性，使他对人物面部艺术产生浓厚的兴趣。他的《你们看这个人!》成为人类忧伤的最终写照。同时他的作品强调真正空间的延伸（如同一个小礼拜堂延伸出去有一个教堂），使观众渐入佳境。

16世纪意大利艺术

时至16世纪（意大利人称为16世纪意大利艺术风格），文艺复兴的浪潮继续蔓延，并发展到人文主义的高度。尽管不断有政治动乱——比如异族侵略和经济危机引起的动荡不安——但艺术生活仍然变得充实起来，多了些物质的东西，少了些精神的东西。

考古发现大大推进了对古籍的探索。尽管到16世纪晚期，在"矫饰主义"的形成过程中，有着截然不同的反应——矫饰主义常被视为贬义，但在当时意味着欲与中世纪神话切断关联的愿望。与这一时期息息相关的著名人物有：

- 列奥纳多·达·芬奇（1452—1519）标志着文艺复兴全盛期的到来。作为"普通人"的原型，达·芬奇不仅是意大利最伟大的艺术家，而且在解剖学、航空学、工程学以及其他领域中都作出了突破性的预言，并且这些预言在日后都如期实现了。他留给世人无数画卷，但真正的绘画作品却为数不多。若说他的早期作品只为博得观众的惊嘘与好奇，那么对他来说，"未完成"、粗线条的素描远比那些完工之作重要得多。

促使达·芬奇能够掌握雕塑（正如瓦萨里所称，那是"又硬又干的那些东西"）的

达·芬奇自画像

佛罗伦萨大卫像

智慧是如此分散,以至于他无法给所涉足任何领域的事业画上完美的句号。然而,对于肖像艺术和风景艺术,他注入了新鲜的活力,还进一步发展了晕涂法技巧,将轮廓线条与背景融为一体,因此,画面中绿色的海水与深远的蓝色合二为一。在佛罗伦萨度过的那段时光,他创作了《洗礼》、《天使报喜》(存放于现在的乌菲齐美术馆中)、《吉内弗拉·德·本奇的画像》、《柏诺瓦的圣母》、《三贤朝拜》。之后他搬到米兰,利用斯福尔扎城堡的门廊创作了《岩间圣母》,圣玛丽亚感恩教堂的餐厅则是《最后的晚餐》的原型。达·芬奇于1503年回到佛罗伦萨,他做了许多解剖工作,并投入到多项艺术创作中。

最重要的是为纪念佛罗伦萨的胜利,达·芬奇与米开朗琪罗(达·芬奇对他没有好感)共同创作了两幅壁画。其中,达·芬奇所作的是《安吉亚里之战》,他采用了古代技法中蜡模的做法,但这种做法没有成功。最终深受欢迎的作品是《歌女乔康达》画像,完成于蒙娜丽莎·格拉迪尼的家乡基安蒂的维尼奥拉马基奥。

■ 米开朗琪罗·波纳罗蒂(Michelangelo Buonarroti)(1475—1564)漫长的职业生涯大都在佛罗伦萨和罗马度过——主要游走于绘画与雕塑、建筑之间——这些证实了他天才的多产能力,展现了他的精神世界。米开朗琪罗出生于卡普雷塞,自幼跟随基尔兰达约做学徒,随后进入罗伦佐开办的位于梅迪奇花园的学校。梅迪奇一家被驱逐后,他前往罗马,在罗马他雕刻出《酒神》(现在存放在巴杰罗美术馆),还有令人惊叹的存放于圣·彼得教堂的《圣母怜子像》,这部作品的至善至美使他名声大振。

1501年,米开朗琪罗回到佛罗伦萨。他完成了杰出的作品《大卫》,以及锡耶纳大教堂祭坛装饰《琵蔻萝蜜妮》,并在领主广场开始了壁画《卡辛那之战》的创作。他最重要的作品是对西斯廷小礼拜堂的天顶所作的艺术加工。该作品的英雄式风格改变了整个绘画艺术散碎的特点，也为他赢得了"神奇的米开朗琪罗"的殊荣。

之后，米开朗琪罗在新圣器收藏室雕刻了著名的陵墓，设计了佛罗伦萨洛伦佐图书馆。梅迪奇一家被驱逐后，他监督了圣米尼阿托和基安蒂市南部的防御工事。随后被召回罗马，度过了余生，并完成了西斯廷小礼拜堂祭坛壁画作品《最后的审判》。

时至米开朗琪罗75岁高龄，他作别绘画，完成最美的诗歌作品和佛罗伦萨大教堂的雕刻《圣母怜子像》。他一直在润色修饰他最后的作品——接近抽象的《圣殇像》——直至离开人世前几天，享年90岁。

■ 拉斐尔·桑乔（Raffaello Sanzio）（1483—1520），即人们所熟知的拉斐尔，出生于乌比诺的一个宫廷画师之家，他的个人魅力和艺术造诣使同行们对他钦慕不已。他曾与佩鲁贾的彼卢基诺合作，之后搬到了佛罗伦萨，融合了达·芬奇与米开朗琪罗的技艺，吸收二者的长处。

完成了一系列《圣母像》（现在存放于乌菲齐美术馆和碧提宫）之后，很快地，他被视为与达·芬奇、米开朗琪罗不相上下的艺术家，并被邀请到梵蒂冈作画，米开朗琪罗正是在此完成了西斯廷小礼拜堂的创作。在这里拉斐尔完成了《雅典学院》，其主题是人类的智慧。两幅宁静、对称、充满古典色彩的壁画是文艺复兴盛期哲学与神学发展的至高例证。

之后，拉斐尔的艺术发展到顶峰，他接任伯拉孟特成为圣彼得的建筑师，完成法内西纳庄园的壁画，还为

《圣母子》

梵蒂冈凉廊创作了一系列旧约场景壁画。他也为西斯廷小礼拜堂设计了挂毯。在自己生命的最后7年，拉斐尔创作了大量巨著，被当时的艺术家称为"mirabile giudizio"——以绘画表达个性的能力。

- 乔治奥·瓦萨里（Giorgio Vasari）（1511—1574），一生游走于罗马和佛罗伦萨，忙碌且多产，并撰写了《艺术家的生命》一书。书中以编年的顺序记述了从齐马布约、乔托直到他自己生活的时代所发生的事件，提供了意大利艺术发展最有价值（且最令人愉悦的）的资源。
- 另外一位著名人物是安德烈亚·帕拉第奥（Andrea Palladio）（1508—1580），人们熟知的"帕拉第奥拱窗"就是以他的名字命名的。他有不少追随者（其中包括琼斯，他开创了英国的帕拉第奥建筑形式）。由于对古罗马的威严和庄重万分尊崇，帕拉第奥保持了古典风格，但也有创新，既启迪了创作角度，又扩展了创作空间。

在文森佐他设计了许多雅致的建筑，有带有开放式拱廊的拉吉尼宫、巴尔巴拉诺，还有奥林匹克剧院等。他还设计构思了许多乡村房舍，最有名的是麦赛的卡布里岛和巴巴罗别墅。在威尼斯，他也建造了几处宏伟的教堂和其他建筑，例如著名的马格吉欧教堂以及大运河和风格、类型各异的广场。

17世纪意大利艺术

17世纪的艺术家在反对改革的阴影下受尽苦难，被迫听从特伦特宗教会议的命令。由于言论自由受到限制，他们只能选择宗教题材。罗马是教廷所在地，教皇制定

教堂壁画

的基本制度完全体现了教会的文化与政治制度。这一时期正是巴洛克艺术兴盛之时。

这一时期出现的两种绘画类别对意大利文化产生了深远的影响：卡拉齐一家的古典风格和卡拉瓦乔的自然学派。

有3位卡拉齐学院画派的艺术家，都来自博洛尼亚：分别是卢多维克和他的堂兄弟阿尼巴尔、阿格斯提诺两兄弟。他们3位共同创立了罗马印卡密纳提学院，激励年轻的画家们从矫揉造作的风格转向巴洛克风格。

3位当中最出色的要数阿尼巴尔·卡拉齐（Annibale Carracci）（1560—1609）。他曾于1595年前往罗马参与法尔内塞宫殿工作。宫内著名的美术馆有意大利绘画作品中首屈一指的杰作，这些杰作中那充满神话气息的壁画、宽敞的拱廊、赤裸的人物造型令人浮想起西斯廷天顶画的美轮美奂，给人以轻盈、欢快、赏心悦目的感觉，甚至影响到欧洲后世的装饰艺术。

与卡拉齐的观念截然不同的是卡拉瓦乔（Caravaggio）（1571—1610），他崇尚生动的现实主义风格，擅长利用当时人们的装束打扮和社会环境，光线处理自如恰当，黑色阴影部分与强光部分一样鲜明突出。在现实主义的运用过程中，他把普通民众纳入到宗教场景当中。

卡拉瓦乔不好的名声起先只是源于他喜欢争斗、爱跟人决斗以及对妓女的虐待，之后在一次网球赛中，他刺伤了一名对手，由此关于他对画家同行们粗鲁、无礼的传言漫天飞扬，他不得不逃到马耳他。因与一位官员发生冲突，他被囚禁，后越狱到西西里岛，在锡拉库扎和墨西拿他完成了几部绘画作品。

他的下场并不好。他在那波利被切喉，被遗弃路边几乎致死。后被途经船只救起，逃往托斯卡纳沿岸的埃尔科莱港，被误投入监狱，经查实被释放时，船早带着他的东西开走了。卡拉瓦乔于1610年7月18日逝世，也许他因愤懑而死，也许是因疟疾而亡。他原本是个平凡的人，但他的绘画作品将会流芳后世。

18世纪意大利艺术

当法国逐渐成为欧洲文化的中心时，意大利艺术的焦点也北移到威尼斯，而且巴洛克式也被新的洛可可式艺术风格所代替。

优美、纷繁的洛可可式风格最适合室内装饰，被人们极度推崇。它还带动了其他艺术如家具业、瓷器业，而且激起了浪漫主义绘画的风潮。

纪昂巴蒂斯塔·提埃波罗（Giambattista Tiepolo）（1696—1770）率领着一群忙碌的威尼斯艺术家，是意大利洛可可派杰出的代表，也是18世纪最伟大的装饰家。他

教堂里的雕塑

的装饰风格轻松、自由。乌迪内大教堂宫殿的壁画充分显示了他的艺术鉴别力,他能够运用浅淡的色调创造出全新的画面,通过艰深的透视使景致幽长、深远。

卡纳莱托(Canaletto)(1697—1768),18世纪一位杰出的艺术家,他的父亲曾为威尼斯剧场做布景创作。他幼年时曾跟随父亲学艺,后来到罗马开始绘制当地城镇风光作为纪念品出售给游客。1720年,他搬至佛罗伦萨,发现这里的英国居民对风景画需求很大,蕴藏着很大的潜在市场。他的创作简洁、和谐,描绘的人物栩栩如生。

如果说洛可可式风格是18世纪上半叶的艺术主流,那么一种新古典主义则风靡了整个下半叶。艺术界涌起了对巴洛克式奢华艳丽、洛可可式矫揉造作、追求奇异风格的强烈反对。艺术家们不再以他们认为美的事物拷贝自然,但却没有太大成就。

卡诺瓦(Canova)(1757—1822)是新古典主义最著名的雕刻家。他曾做过泥瓦匠,17岁时在威尼斯拥有了自己的工作室。法国入侵后,他逃离至维也纳。在维也纳他受托在奥古斯丁皇家大教堂为玛丽亚·克里斯蒂娜雕刻纪念碑。1802年,在梵蒂冈的恣恿下,他接受了拿破仑的邀请,前往巴黎为拿破仑雕刻半身像。

拿破仑塑像

卡诺瓦最出众的作品是以拿破仑的姐姐为模特雕刻的维纳斯像,以及罗马的克雷芒十三、十四世肖像。正是卡诺瓦把类似简化金字塔的陵墓设计融入雕塑纪念像的设计。

拿破仑下台后,卡诺瓦被罗马教皇送到巴黎,企图夺回法国人掠走的艺术珍宝。多亏英国人相助,他才大获成功,并被授予爵位。他是个慷慨大方的人,将自己大部分积蓄拿来资助年轻的学生们。

皮尔马里尼（Giuseppe Piermarini）（1734—1808）也值得一提，他参与了米兰的城市规划，设计了意大利歌剧院的典范——在斯卡拉的科莱里歌剧院。

19世纪意大利艺术

19世纪上半叶，意大利艺术是派生的，模仿国外的流行风尚，但获益甚微。历史上有记载的各个派别的诸多艺术家如下：

- 拿撒勒人学派（Nazarenes），在罗马成立，由维也纳学院学生组成，倡导中世纪价值的回归以及精神和宗教的自由。
- 纯粹主义者（Purists）力争复兴老一辈大师的艺术技法。
- 拉斐尔先行者派（Pre-Raphaelites），预先倡导拉斐尔艺术，崇尚15世纪艺术，甚至主张画家应成为工匠。
- 新哥特式（Neo-Gothics）提倡中古艺术和伦巴第建筑风格的回归。
- 浪漫主义者（Romantics）深受中世纪和复兴时代理念的启迪——例如弗朗西斯科·海耶兹（Francesco Hayez）（1791—1882）创作了一些优美的女性肖像作品，显示了色调运用的独具匠心。

随着时间的推移，绘画艺术呈现地域化，而且融入更多的当地传统习俗。但印象派崭露头角，尤其在伦巴第地区。

威尼斯艺术家继续他们的风景画和描绘日常生活情景的艺术。

托斯卡纳的画家们受到当时最有历史意义的马基亚伊奥利画派（或"涂抹者"）的影响。马基亚伊奥利画派的技巧在于打破静态，运用泼洒的颜料代替直白的线条，从而构建图形。

与此形成鲜明对照的是，新印象画派

威尼斯古油画

遵循的原则是，颜料应直接涂于画布，不必用调色板调色，理由是观众的眼睛会完成调色工作。

另一方面，吉赛贝·达（Giuseppe Pellizza da Volpedo）（1868—1907）所传达的是社会信息。他的画在米兰参展，被视作为意大利社会主义者的宣言。

20世纪意大利艺术

20世纪秉承了两大艺术态势：在一方面是写实主义，在另一方面是颓废派。

现实主义者力求刻画社会的整个转型过程，颓废者关注社会转型对人类灵魂深处的影响。

新的激进运动虽因国家而异，但传遍了整个欧洲。在意大利，出现了抽象艺术，如未来派、玄学派、超现实主义。另一个独立、有争议的艺术派别是达达主义。

这些先锋派运动在二次世界大战期间烟消云散，当时欧洲的政治、经济形势对文化交流和新思想的传播实在不利。

虽然意大利当地的学校为数不多，但法西斯政权在意识形态领域仍占统治地位，因此许多艺术家移民至美国。

二战后，美国技术和工业发展的影响带来了一些艺术现象，如自我艺术、概念艺术、MAC、波普艺术、贫穷艺术、超前卫艺术等。

抽象画

未来派画家的理想可以追溯到1909年的宣言，他们要努力恢复全国艺术的锐气和热忱，要改变地方风尚的传统，这个问题已困扰了意大利绘画界一个多世纪。

通过描述都市生活的压力和紧张节奏，他们希望为绘画表达的意义带来革命性改变。为实现这一点，他们依赖纯色调的抽象使用。他们深信，绘画应当解释现实，而不是表达切身体验。他们选择构图的完全自由和彩色效果使观众感到不解、困惑、耐人寻味。

20世纪最具影响力的意大利艺术家是乔治·德·席里柯（Giorgio de Chirico）（1888—1978），他倡导了玄学派运动。还有阿米地奥·莫蒂里安尼（Amedeo

Modigliani)（1884—1920），他创作的女性裸体艺术成就颇为卓著。

音乐

意大利有非常古老的音乐遗产，虽无法追溯其根源，但无论怎样，音乐是伊特鲁里亚文化的一部分，它几乎陪伴了这个民族的每一次宗教和社会活动。技艺高超的笛手的演奏能够帮助猎人捕获猎物，猎物好似被悠扬的旋律吸引，然后自投罗网。

一些早期的教会音乐出自帕莱斯特里纳（Palestrina）（1525—1594）之手，他创作了许多欢快的礼拜音乐，在诸如阿尔比诺尼（Albinoni）、维瓦尔第（Vivaldi）、斯卡拉蒂（Scarlattis）、凯鲁比尼（Cherubini）、帕格尼尼（Paganini）等众多成就卓著的作曲家当中，他是杰出代表。

然而，一提到意大利音乐，大多数人会联想到歌剧。歌剧起源于16世纪末的佛罗伦萨，是希腊悲剧的一种音乐表现形式。在1637年，第一座歌剧院在威尼斯落成。但很快那波利变成了歌剧中心，这里最初上演的是戏剧和街头音乐。

尽管《尤丽狄茜》是最早的真正的歌剧，但克劳迪奥·蒙泰韦尔迪（Claudio Monteverdi）（1567—1643）才是公认的歌剧之父。他对教会音乐和世俗音乐作曲作出了卓越的贡献。蒙泰韦尔迪在美声（Bel canto）和滑稽（buffo）风格中插入戏剧对白，为后世的音乐创作开辟了先河。简而言之，其他著名音

在音乐嘉年华上的女孩

乐家还有：

- 吕利（Lulli）（时常拼为Lully），佛罗伦萨人，路易十四时期的宫廷音乐大师，曾与莫里哀共同创作称颂法国君主的歌剧芭蕾。
- 罗西尼（Rossini）（1792—1868）创作的音乐鲜亮、华丽，适合嗓音动听的风华正茂的青年演唱。那无法抵挡的优美旋律、强烈活泼的节奏，加上精彩的幽默，使他的歌剧风靡整个欧洲。作品《丹克雷德》、《塞维里亚的理发师》、《威廉·泰尔序曲》使他被誉为"音乐拿破仑"。
- 唐尼采蒂（Donizetti）（1797—1848）改变了大团圆的结尾。根据斯哥特小说改编的《拉美莫尔的露琪亚》为他赢得了国际赞誉。
- 贝里尼（Bellini）（1801—1835）的作品显示出超人的细腻与典雅。《诺玛》是一部经典的抒情戏剧，还有《梦游女》像一部乡村田园诗，都深深地影响了肖邦和柏辽兹。
- 威尔第（Verdi）（1813—1901）与复兴运动密切相关——他的歌剧被看做是自由的象征，他的名字被看做是一首离合诗：威尔第（Viva Verdi）在意大利语中意为威尔第万岁，实际上意思是维克托·艾曼努尔统一意大利万岁。威尔第才能出众，他擅长创造出人意料的情景和戏剧性的舞台效果。其歌剧音乐曲调简洁，管风琴易伴奏。威尔第被誉为意大利最出色的歌剧作曲家。他最著名的作品是根据雨果作品《爱尔那尼》改编的《埃尔纳尼》；根据雨果的《国王寻乐》改编的《弄臣》（又名《利哥莱托》）；根据西班牙戏剧改编的《游吟诗人》；根据大仲马的《茶花女》改编的《堕落的女人》；根据奥贝的《化装舞会》改编的《假面舞会》；为庆祝苏伊士运河开通创作的《阿依达》；取材于莎士比亚戏剧的《奥赛罗》和《福斯塔夫》。
- 马斯卡尼（Mascagni）和列昂卡瓦洛（Leoncavallo）以两部单幕歌剧而闻名。因此马斯卡尼的《乡村骑士》和列昂卡瓦洛的《帕利亚奇》总是同时搬上舞台，被歌剧制作人称为"Cav 和 Pag的节目"。后来马斯卡尼成了意大利法西斯音乐的喉舌，背负耻辱地死在罗马一家酒店里；而列昂卡瓦洛郁郁寡欢，他的单幕歌剧也再没有恢复往日的光芒。
- 普契尼（Puccini）（1858—1924）出生在鲁卡，是马斯卡尼的学生。他最擅长的主题是描写一位感情丰富的女性。在《波希米亚人》中，她叫咪咪，一个裁缝助手；在《曼侬·莱斯戈》中，她是一个妓女；在《蝴蝶夫人》中，她变成了日本歌妓；在《托斯卡》中，她是一位歌手；在《图兰朵》中，她是奴隶小女孩。随着普契尼的逝去，意大利歌剧的繁荣时代也随之结束了。

文化活动

在意大利，一年自始至终都有丰富多样的文化活动——音乐类、戏剧类、艺术类活动等应有尽有。

无论哪个地区、城市甚至村庄都有文化理事会和文化理事会办公室，都能够提供即将举行的文化活动的具体事宜，或者可以咨询当地APT旅游办公室。

许多文化活动会在全世界巡回举办，如果碰巧在某地遇到，千万不要错过。以下列举一些：

- 斯波莱托举行的"两个世界的节日"（Festival dei Due Mondi）演奏、演出先锋派音乐和戏剧。
- 威尼斯电影节。
- 各大城市——主要有米兰、帕尔玛、佛罗伦萨、罗马以及那波利，均举办歌剧季。
- 在维罗纳的大竞技场、罗马的拉卡拉浴场、马切拉塔的斯弗里斯特罗剧场和陶尔米纳的希腊剧院都举行引人入胜的歌剧演出。

参加这些活动的服饰礼仪与欧洲其他地方是完全相同的。一种单凭经验的有效方法是根据所参加场合的正式程度及购买入场券的价格来穿着服装。比方说，第一次去米兰的斯卡拉剧院，通常要打黑色领带，穿长礼服。但如果你是坐在最高的包厢里，穿稍微休闲一些的服饰也是可以的。不过即便如此，穿短裤和T恤也是不太合适的。

《蝴蝶夫人》

文学

意大利文学诞生于13世纪，当时弗雷德里克二世的一些宫廷诗人开始着手写地方志。皇帝死后，这些文人聚集在佛罗伦萨，组建了一个兴旺的诗学会，从中涌现出意大利的首位文学大师但丁（Dante Alighieri）。

但丁的《神曲》是用托斯卡纳方言写成的，由于意大利人会大段引用其中的部分（而且经常如此），所以为了应付社交也应当了解作品的要旨。

《神曲》

但丁运用完美的节奏韵律、深刻动人的形象，讲述了一个有罪的人从地狱至炼狱，直到最终进入天堂、见到上帝的经历。他在地狱的向导是维吉尔，理性的化身。他们一起跌入一个漏斗形的深渊，里面有10个轮回的受到诅咒的魂灵。下陷得越深，是罪孽越深重的灵魂。维吉尔解释了他们在那里的原因。

最深处站着撒旦，他齐腰冻在冰雪中，他的三张可怕的大口伸向最大的叛徒：背叛了耶稣基督的犹大，还有背叛了恺撒大帝的布拉塔斯和凯瑟斯。

从地狱出来，但丁和维吉尔开始爬七座炼狱山，山上的每一个悬崖代表了一条主要罪过。但这里的场景有了些许光亮，因为一旦洗刷了罪过，他们的灵魂有望进入天堂。

接近天堂时，维吉尔消失了，比阿特丽斯（象征神的信使）取而代之引领他穿越月球、各大行星还有小星座，直到来到天堂的美景。

但丁《神曲》

但丁的小舟

但丁笔下的主人公有古代的、有现代的,与层层地狱或炼狱相对照,借古喻今,突出了强烈的中古特点。这部作品对意大利文化的深刻影响是其他任何作品所无法比拟的,而且它为托斯卡纳语成为意大利官方语言奠定了基础。

意大利主要作家

同一时期的另外一位文学巨匠是弗朗西斯克·彼特拉克(Francesco Petrarca)(1304—1370)。他出生于佛罗伦萨,他的父母与但丁同时被放逐。然而,但丁实质上代表了中世纪文化,彼特拉克则充满了古典主义的精神。

彼特拉克对他的拉丁自由诗倍感自豪,他曾炫耀说他用拉丁语写的诗足可与维吉尔(古罗马诗人,生卒年是公元前70—公元前19年)的诗相媲美,而他的同行却青睐他的意大利语诗歌。他的诗歌包含350首十四行诗,是为专门纪念他年轻时深爱的一位有夫之妇劳拉而作的。

尽管彼特拉克多创作华美的诗篇,但他所涉及的主题大多追求自学自立,诗行的韵律特点也仿照500年来欧洲诗人的传统模式。

佛罗伦萨三大文人中的第三位是薄伽丘(Boccaccio)(1313—1375)。他与彼特拉克的友谊使他成为人文主义学术派的先驱者。薄伽丘的代表作是《十日谈》,这个故事集讲述了一群男人和女人为逃避1348年瘟疫躲在佛罗伦萨的一栋别墅里发生的故事。《十日谈》的故事具有高度的娱乐性,受到热烈欢迎。由于《十日谈》是用新的托斯卡纳方言写成的——这使得薄伽丘成为意大利散文之父。

文艺复兴

彼特拉克和薄伽丘所倡导的人文主义激发了"学习的复兴",更通俗地讲,即文艺复兴。

人文主义追求人的权利及自然之美。它摈弃了中世纪的价值观，赞扬人们在基督之前的信仰和行为——呼唤古罗马的辉煌。

一些作家恢复使用拉丁文，还有的作家采用各地的方言进行写作。在很大程度上要归功于洛伦佐·德·梅迪奇，是他在佛罗伦萨引导了文学潮流。

浦尔契（Luigi Pulci）是在梅迪奇家长大的，他和博亚尔多（Matteo Boiardo）连同作品《奥兰多的恋爱》将浪漫民歌改编成艺术作品。伯里兹安诺（Poliziano）的大多数作品是用拉丁文写成的，但他的代表作《马术比赛》是用托斯卡纳语写的，显示了古典品位与学识如何与本国特色完美结合。锡耶纳的教皇庇护二世皮克罗米尼完成了一部语言凝练、脍炙人口的自传体小说。

16 世纪

1494年至1560年间，文艺复兴的最大成就在于每种艺术形式，包括文学在内，都趋于完美，且被赋予古典色彩。

■ 阿里奥斯托（Lodovico Ariosto）（1474—1533）探索运用了一种优雅的语言措辞，在《疯狂的奥兰多》（博亚尔多的《奥兰多的恋爱》的续集）中，八音阶诗节最大限度地体现了诗歌的和谐与雅致。

展开的旧书

- 塔索（Torquato Tasso）(1544—1595)是在优比诺宫廷中长大的。意大利文学史上最优美的英雄体诗歌《解放了的耶路撒冷》中布永的戈弗雷率领十字军东征的故事使他名声大振。
- 尼科洛·马基雅维里（Niccolo Ma-chiavelli）(1469—1527)是佛罗伦萨第一位伟大的历史学家。他不仅是佛罗伦萨历史的见证者，也是佛罗伦萨历史的积极参与者。他的主要作品有《战争艺术》和《君王论》——书中包括君主国的种类以及管理的方法，还分析了一个野心勃勃的人（如切萨雷·博尔贾）如何成为成功的独裁者。正是他何为君主国家及如何建立君主国家的惊世骇俗的分析和无视日常的道德准则的理论引发了激烈的争论。
- 弗朗西斯科·奎齐亚迪尼（Francesco Guicciardini）(1483—1540)重新拾起了马基雅维里未写完的佛罗伦萨故事。身为外交官和政治家，奎齐亚迪尼擅长政治的迂回战术，他的《意大利的故事》（叙述了自洛伦佐·德·梅迪奇Lorenzo de' Medici 逝世后至1534年间的事）深刻地洞悉了欧洲的政治动机与策略，以及国家领导人之间的明争暗斗。

17 世纪

1560年之后，西班牙帝国走向衰败，这波及整个意大利，使意大利的文学艺术也都失去了活力。诸如马力诺（Marino）、阿基利尼（Achillini）、古迪（Guidi）、泰斯提（Testi）等一些作家们沮丧不已，开始采用夸张无用的比喻和巴洛克式的语言风格。基阿布雷拉（Chiabrera）表现出一些文学天赋。从大体上看，17世纪诗歌篇幅较长，但缺乏感染力。

与此相反，伟大的文学家、科学家伽利略（Galileo Galilei）善于直入主题，利用简洁、易懂的语言表达复杂、深奥的科学道理。

伽利略

启蒙运动

时至18世纪，情况有所改观。麦列多里（Muratori）编撰了从公元500年到1500年的意大利编年史。加利亚尼（Galiani）主要负责货币流通部分，费拉涅里（Filanieri）主要负责立法部分。恺撒·贝卡里亚（Becciari）在《论犯罪与惩罚》中的论述对于改革刑罚制度、取消酷刑起到了积极的作用。卡洛·哥尔多尼（Carlo Goldini）是威尼斯人，他塑造的喜剧人物使舞台艺术得到复活，使莫里哀（Moliere）的戏剧情节和生动对话得到再生。朱泽培·帕里尼（Giuseppe Parini）讽喻了社会的矫揉造作，嘲弄了贵族社会的无聊虚伪。

革命爆发前，法国盛行的思想潮流——自由、平等、痛恨暴政——在意大利文学中都有所体现。阿尔菲耶里（Vittorio Alfieri）（1748—1803）宣扬了传统的、备受欢迎的自由主题，反对暴君统治（他笔下的人物的言行如同现代革命者的言谈举止）。温钦佐·蒙蒂（Vincenzo Monti）将法国革命视为对意大利的威胁，并且写出几部著作探讨拿破仑取得胜利的原因。吉安姆巴蒂斯塔·尼克利里尼（Giambatista Niccolini）抱有同样的追求，创作出许多悲剧作品，但这些作品多是抒情格调，少有戏剧成分。

还有三位历史学家也终身忙碌。卡洛·贝塔（Carlo Betta）撰写了拿破仑时期意大利的历史，而后将奎齐亚迪尼（Guicciardini）所写的佛罗伦萨历史续写至1789年。皮耶罗·柯勒塔（Piero Colletta）则借用泰西塔斯（Tacitus）的风格，撰写了从1734年至1825年间的那波利历史。拉扎洛·帕皮（Lazzaro Papi）所记载的法国革命的历史比任何同类历史书都更具可读性。

浪漫主义

与新古典主义（叙述颇多，缺乏抒情）相对应的是浪漫主义（抒情较多，叙述较少）运动。亚历桑德罗·曼佐尼（Alessandro Manzoni）是浪漫主义运动的领袖。他的小说《许婚的爱人》直到今天仍然拥有大量的读者。该小说故事情节叙述较少，但人物活灵活现，具有人性的特质与弱点。

但成就最突出的文学家要数贾科莫·利欧帕迪（Giacomo Leopardi）。他于1798年出生在雷卡纳提。他的家庭地位显赫，但是家人固执、贪婪。暴君的统治使他成为躁狂抑郁病患者，最终病死。利欧帕迪的诗歌是挣扎的呼唤，但语言简练，引人入胜，以致利欧帕迪被视为但丁之后意大利最伟大的抒情诗人。利欧帕迪也是最出色的散文作家之一。

19世纪复兴运动

19世纪复兴运动中好战精神达到顶峰，与此同时，爱国文学浪潮风起云涌，重要文学作品如曾是奥地利政治犯的西尔瓦·佩利科（Silvio Pellico）所作的《我的狱中生活》，以及曾多次出任总理的马西莫·达泽里奥（Massimo D'Azeglio）所作的《在我的记忆中》等。

伊波利托·涅埃沃（Ippolito Nievo）通过故事中年轻主角的亲眼所见，描述了意大利的统一过程。除了博切特（Berchet）和鸠斯提（Giusti）的诗歌，还有卡罗·贝尔托（Carlo Porta）和吉欧切诺·贝利（Gioacchino Belli）分别用米兰方言和罗马方言创作的大量诗歌。

意大利城市雕像

民族统一

诺贝尔奖得主乔·卡尔杜齐（Giosue Carducci）（1835—1907）是19世纪后半叶的一位著名作家。他的爱国热情伴随着意大利王国的建立变成了幻影。

乔万尼·维尔加（Giovanni Verga）在自己的小说中不再发表评论，而是让事实说话。

乔万尼·巴司古利（Giovanni Pascoli）在博洛尼亚大学继承了卡尔杜齐的事业，他深信诗歌应当以一个孩子敏锐的眼光来清楚地看待和反映世界。

> 翁贝尔托·萨巴（Umberto Saba）是先锋派新诗的代表作家，新派诗歌突出了泛欧洲的题材（同时也鼓舞了许多其他作家）。

20世纪

加夫列拉·邓南遮（Gabriele D'annunzio）（1863—1938）与巴司古利的想法则恰恰相反。作为"颓废运动"的领导者——与陀思妥耶夫斯基（Dostoievsky）、托尔斯泰（Tolstoy）、尼采（Nietzsche）一道——他独特的风格使他取得了显著的成果。原始冲动、性欲、感官刺激都在一部狂欢的肥皂剧中得到充分体现。

更加令人惊异的是托马索·马里内特（Tommaso Marinetti）（1876—1944）的"未来派"诗歌。他是意大利乃至欧洲首位主张以机器美学——对速度的追求来代替资产阶级道德规范的作家。伊塔洛·斯威沃（Italo Svevo）和诺贝尔奖获得者路易吉·皮兰德娄（Luigi Pirandello）表达了当时生活的两难境地。皮兰德娄笔下的人物虽然说话滔滔不绝，却无法与他人沟通。他的作品是世界戏剧史上的传世佳作。其中《六个寻找剧作者的角色》中的一个主人公讲道："我们如何能彼此了解？如果我将自己的感觉和价值观流露在字里行间，听众会情不自禁地当作是自己个人的看法和价值观吗？"

朱塞培·翁加雷蒂（Giuseppe Ungaretti）的隐逸派诗歌追求一种紧凑、朴实的风格，单单几个字或几处停顿就足以表现这种风格。

相比之下，另一位获得诺贝尔奖的诗人埃乌杰尼奥·蒙塔莱（Eugenio Montale）习惯采用朦胧的手法。他认为诗是用来解释大自然而且促进人类的尊严的。

诺贝尔奖章

法西斯主义

在法西斯当政期间，官方的政策倾向于恢复罗马帝国的庄严以及削弱所有的外国影响力。

有众多并不听命于法西斯的人，皮耶罗·葛贝提（Piero Gobetti）和安东尼奥·葛兰西（Antonio Gramsci）也在这些人之中，他们坚持宣扬左派思潮——他们认为作家的角色不是审查员，而是一位"技术、政治专家"（与无产阶级息息相关）。葛贝提于1926年去世，葛兰西死在狱中。在狱中他写下了《狱中札记》，这部作品在二战后一经出版立刻在文学界引起了轰动。

战后文学

阿尔贝托·莫拉维亚（Alberto Moravia）的处女作《冷漠的人们》被誉为意大利小说再生的标志。他的作品通过描述上流社会的性和经济上的钩心斗角，对上流社会的腐败进行心理研究，这是阿尔贝托·莫拉维亚作品一贯的主题。

同时，还有一群"愤怒"的年轻作家刻画了劳动阶级或贫民窟的生活以及意大利普遍的贫穷落后。在卡尔维诺（Calvino）看来，这是从多角度看意大利的不同侧面——尤其是迄今为止在文学作品中涉及不多的方面。

伊塔洛·卡尔维诺（Italo Calvino）（1925—1985）关注的是反法西斯的题材，之后转向荒谬、虚幻的逃避现实的空想。他晚期的作品大都与符号语言学相关，其中暗含了对都市生活环境的无望与无奈。

约瑟夫·托马齐·迪·兰佩杜萨（Giuseppe Tomasi Di Lampedusa）已经在《豹》中宣告了对人类的不信任——这部小说在当时显得有些过时，但小说中揭示的道理着实引起一场轩然大波。社会秩序必须改变，但主要特征保持不变，目的是为保持其他事物的不变。

罗马郊区的房子

另外一位出众的西西里人是莱奥纳多·夏侠（Leonardo Sciascia）（1921—1989）。他以悲观的论调（之所以有纯粹的罪恶这种现象的存在，是因为人远比魔鬼自身聪明）公然抨击黑手党。

当今趋势

大多数意大利作家都或多或少地参与了电影制作或剧本创作，在电影城一带形成了特殊类型的知识分子阶层，并逐渐发展成熟。

帕索里尼（Pasolini）和索耶达提（Soidati）便是显而易见的例子。年轻一代的几位作家，如奥蒂尔（Ottier）也创作了电影剧本形式的小说。

与消费浪潮相对应，一伙纯化论者称他们自己为 "六三集团"（Gruppo 63）（他们的第一届会议于1963年举行），他们对愈演愈烈的艺术商业化现象进行了猛烈抨击。

桑格因纳提（Sanguineti）、珀尔阿（Poera）、巴莱斯特里尼（Balestrini）和其他作家以小说为实验，描写单调、平凡的日常生活，没有故事情节，只有场景。

1968年革命的秋天结束后，人们重新掀起写作诗歌的浪潮，各报章杂志频频发表文化评论作品。

过去的历史再次受到重视，知识分子绝不妥协的处世方式又受到推崇，同时语言的恰当使用问题变得尤为突出。

到20世纪80年代，文学批评又恢复了前沿地位，安伯托·埃柯（Umberto Eco）成为意大利最敏锐、最深刻的批评家。

达·芬奇雕像

第七章 享受文化

埃柯于1932年出生在亚历山大,现任博洛尼亚大学的美学教授。他在文学界崭露头角是由于他所创作的电子音乐、电影、电视和对欧洲的文学发表的评论(包括对詹姆斯·乔伊斯的较长的论述)。

之后,他对大众传播和大众文化进行了研究——如:连环漫画和詹姆士·邦德——得出的结论是,这些现象应该作为社会的暗示来分析,同时也是社会造就了这些现象。

埃柯的第一本小说是一部离奇的中古传奇故事《玫瑰之名》,该小说很快便成为全球最畅销书。后来的小说《带着鲑鱼去旅行》、《昨天之岛》都以华美的叙述和丰富的想象而受到关注。

文化传播

曾几何时,阿尔卑斯山脉横在中央,使意大利与欧洲大陆遥遥相望。19世纪初,拿破仑修建了辛普朗关隘。1906年铁路隧道开通。尽管1905年就有一条马车道通往大圣伯纳德山口,但开车到达意大利是几乎60年后才实现的——取道法国、走海岸线或走雪路直达意大利另当别论。

意大利对于旅行者总有一种磁石一般的吸引力。斯特雷波(Strabo)(译者注:古希腊地理学家)记载过在公元1世纪罗马就有英国人逗留。公元1027年,国王克努特大帝(Canute)前往梵蒂冈——只为寻求缩减向通过教皇领地的朝圣者征收的通行费。依照意大利编年史学家维拉尼的说法,第一神圣年即1 300年,仅一天就有3万名朝圣者到达罗马。到1450年,有超过4万名朝圣者像牛群一样挤入修道院。

意大利阿尔卑斯山风光

威尼斯里亚托桥

由于过去的远行要冒很大风险,为到达圣地,朝圣者历尽艰辛。阿尔卑斯山的小路总是突然被暴风雪或雪崩遮挡得严严实实。在平原地带,成群结伙的强盗伺机对他们下手。有时还会陷入战争或军事行动的危险中。

走水路也不见得安全多少,船只会被暴风雨吞没。如果遭到海盗袭击,船上所有的人都会被带上岸充当囚犯和奴隶。

尽管有诸多的危险和不便,但前往意大利的人仍然超过其他任何国家。众多的学生来到意大利的大学学习、深造。这里的大学拥有印刷术发明之前最完整、最丰富的手稿(由于当时教育程度较高的欧洲人一直使用拉丁文,比起今天的留学生,那时的留学生在博洛尼亚、帕多瓦或锡耶纳的学习和生活要容易得多)。诗人、画家和建筑师也纷纷到意大利学习艺术、医术、科学和法律,来增长知识和促进商贸。

不到15世纪,意大利已经成为最富有、最繁华、最具文化品位的欧洲国家。新发现和商业的活动已经带来难以想象的财富——激发了知识创新、艺术繁荣,提高了生活品位。在整个欧洲大陆,人们纷纷涌向意大利,要亲眼看看这里究竟发生了什么,同时享受佛罗伦萨文艺复兴的盛世。

当时欧洲的其他国家还处于相对蛮荒落后的状态,因此尽管人们都知道在光芒四射的社会环境的表象下掩藏着可怕的暴力、欲望或污秽之物,但富裕的家庭仍派出他们的儿子,有时是女儿来学习丰富的意大利文化。

随之也产生了贵族子女遍游欧洲大陆的教育旅行的概念。到18世纪,到佛罗伦萨、罗马、那波利和威尼斯的一次长途旅行成为贵族教育旅行必不可少的一部分。詹森士曾写道:"一个从未到过意大利的人总会有一种自卑感,原因是他没有领略到一个人应当领略到的。"意大利成了地位的象征。

第七章　享受文化　143

贵族旅游（英国贵族子女遍游欧洲大陆的教育旅行）

贵族旅游者被建议携带一个鼻烟壶或者带一块洒了香水的手帕以防不愉快的味道，这些都包括在出行装备中，比如杀虫粉、暖脚炉、放钱的腰带、暖水瓶和便携式马桶——所有这些东西现代旅行者绝对不会带在身上。

成百上千的富裕并有教养的英国贵族涌入意大利。其数量众多，以至于随从们都很难雇到马匹。罗马的西班牙广场因英国人聚居而被称为"英国人街"。滑铁卢战役之前，在那波利举行了一次板球比赛，英国贵族组队对战各国联队，最后英国人以一球取胜。

大多旅行者——像信仰新教的英国诗人罗伯特·勃朗宁（Brownings）——在教皇统治后期热情支持意大利统一。但是他们在政治上无足轻重，没有任何发言权。在佛罗伦萨曾有过一位英国使臣［贺瑞斯·曼（Horace Mann）］，但是直到1870年之后罗马才有英国外交使臣。尽管英国人行事古怪，但这并不妨碍意大利人赞赏他们。因为当时的大英帝国势力范围非常大，英国的工业发达而且财富显赫。

贵族旅游者有关意大利的记述

■ 歌德在1789年出版了旅行指南。他把罗马人的嘉年华会视为对远古的农神节的追溯——鲜花装饰而成的街道、挂毯、彩灯、酒吧、回廊和尖叫的群众。到处都是戴面具的人——有些人模仿古罗马的装束，其他一些人扮演成喜剧作品中的人物，还有穿军服和民族装束的。科尔索大街上挤满了装饰一新的马车长

米兰大教堂

威尼斯风光

队。各种装束的人群拥挤在街上等待看别人和被别人看。

人们享受着狂欢的气氛。他们用糖果、香蛋和杏仁蜜饯掷来掷去，看牵线木偶表演。在剧院中还上演哑剧和舞蹈。每个晚上都有游行、赛马和宴会。歌德认为它是"当今世界最美的表演之一，因为这表演不是别人给的，而是人们自己给自己的"。

当活动进行的时候，拥挤的街道、华丽的服饰和意想不到的视觉感受冲击着他，他就像身处一种生活本身的隐喻中。"只有在戏剧的喧嚣中才能享受到自由和平等，"他肯定地作出结论，"没到过罗马的人绝不会知道我们在罗马学到了什么，就好像你得要重新再出生一次才行。可以这么说，在罗马，人们好像是站在童年的岸边一样，学会了重温儿时记忆。"

■ 司汤达认为意大利人的欢宴和节日是有民族性和地域性的。佛罗伦萨人已经被他们的大公变成了虔诚的高音乐器一般，到如今，除了漂亮美丽的制服和整齐划一的队伍，他们对任何事情都不感兴趣。在台伯河以南你会找最原始的喜悦和力量的体现。在教皇统治地区（拉齐奥、翁布利亚还有艾米利亚—罗马涅的部分地区），人们对宗教仪式无比虔诚。在那波利，对圣吉那罗的崇拜无以复加。

气候会对"来访的外国人产生一种紧张和无以名状的影响"。"在意大利，你就像沐浴在爱河里一样。"他一边把玩着一块高卢珠宝一边这样说道。

■ 果戈理对此深信不疑。"身处意大利会忘记在这个世界上还有其他的国家和地区，"他欣快地写道，"身在天堂不会再对地球有渴望。拿欧洲和意大利作比较像把阴郁的日子和阳光灿烂的日子相比。"

■ 但是奥斯卡·王尔德有一次在威尼斯乘贡多拉船游玩，被雨水淋得浑身湿透之后说，他感觉好像"坐在棺材里在下水道中旅行"。
- 萨德侯爵在巴杰罗博物馆参观了正在展出的赞博（Zumbo）的作品。他被表现罗马、佛罗伦萨和米兰瘟疫的三块小蜡状物深深吸引。他写道："它们让人一下子感觉到瘟疫带来的灾难，人们大批地死掉，从新鲜的死尸到被蠕虫完全地吞食。"这位恐怖鉴赏家说明道，参观展品时"一个人会本能地用手捂住鼻子。看到这些恐怖的景象，人们自然会联想到毁灭、灾难、邪恶，同时也会想到造物主"。
- 阿纳托尔·法朗士在高地上凝视佛罗伦萨，惊呼道："再没有别的地方会如此精致又美轮美奂。创造了佛罗伦萨的上帝一定是一位艺术家。"
- 对赫胥黎来说，托斯卡纳是"沉默、庄严而美丽的王国"。说到颜色，他认为"空中飘浮的金色的光和紫罗兰的影是托斯卡纳风景的灵魂"。"只有在这里，在这个中心，"他说，"一个人才可能真正开始了解日常生活无法显现的人生本质，这是社会交往所不能带来的。"
- 路易斯·卡恩，现代最伟大的建筑师之一，这样说道："在佛罗伦萨街上，你能见到人们的脸上仍然保留着因用双手劳动而换来的幸福，这里的画家是这样，雕刻家亦如此。你不会看不到这种幸福。人类正在失去这种感觉，几乎到处都是这样。"他举例说："在佛罗伦萨的洗礼池，这个世上仅有的纯净之所，倾听你的内心吧。那里有未来的框架！"

今天的全境游

今天，在意大利旅行比以前容易多了，时间也不用那么长了。让人最厌烦的不是马车在阿尔卑斯山小路上吱吱前行或是住进了跳蚤乱跳的旅馆，而是塞车！（"我们不需要雨伞，"在倾盆大雨中的一位那波利人大笑着说，"我们都有汽车。"）1 200万旅行者几乎同时涌入意大利，他们带来的行车压力就是最大的文化震撼。

看来我们要换个方式旅行了。对汽车驾驶者来说，一头扎进大城市还不如到空间宽阔的其他地方去呢。如今你已经不可能从阿尔卑斯的山口南下长驱直入米兰，然后

威尼斯港口停泊的邮轮

把车直接停在市中心的大饭店的门口了。现在，想把车开到市中心简直是不可能的，更别说找车位了。

大多数的传统港口城市的情况也是一样。在威尼斯，应该把汽车停在市区外，这是必须遵循的惯例。

但是，千万不要让这些麻烦挡住去路。你绝对不应该错过到佛罗伦萨和罗马旅行的机会，因为那里有最伟大的意大利艺术作品。但是当你开始着手计划你自己的旅行时，照意大利人那样做——使用公共交通工具。幸运的是这些地方都有机场和直达的列车相连。旅游指南将会告诉你该找寻什么并且提供你所需要的有关每一个城市的所有信息。

较小范围的旅行

如果你以前从没有去过意大利，那么参加一个包价旅游团是很诱人的，那样你的旅游路线将会被预先制定——酒店预订、观光路线、交通工具以及组织用餐全都事先准备好了。你将会由专职导游带领参观各处，他（她）在景点附近将会给你作详细的讲解，并随时为你解决遇到的问题。当然无须争辩的是，你的一切费用除你个人的额外花费以外都将被计算在旅游费用中。你所要做的就是按章（行程）行事。

的确诱人。问题是你又为旅行业的发展添了一块砖，加了一块瓦。你被束缚了，你和团友必须统一行动。如果下雨了或行程表有变动，你也必须跟团行动。你不能随意停留——一处美好的景致、一张有意义的照片、一个有趣的事件——那些抓住你的思想的东西，你都无法停下来多欣赏一会儿。你只是团体中的一个无名小卒，无论你愿意与否你都得向独立行动说再见。

解决办法就是离开旅行团，悄悄地走——自己一个人出发，无须时间表或者事先预订房间。开车（或者租一辆），按自己的安排计算日期，然后坐自己的车出发，开始你的意大利发现之旅。

这样在传统景点之外，你会更多地了解这个国家，感知她真正的精神。而且，你将发现，甚至二流的意大利艺术作品也是伟大的艺术。

意大利之旅

都灵景观

如果你没有机会自己安排行程,至少,你能找出时间开始着手一次探寻乡村的迷你旅游。

米兰周边

米兰是经济首府——甚至它的丑闻也带着商业色彩。从那里你可以领略意大利湖泊风采:从科摩湖出发,你能逛遍比勒基奥,然后开车翻过山到加尔达湖。另一条路线是从马焦雷湖向史特雷沙行进并乘汽艇到波罗米安岛。

都灵周边

都灵是萨伏依王国的首都,建筑对称而且威严。你可能沉迷于美食之行,周边有奥尔芭(块菌)、亚士帝(苏打白葡萄酒)、蒙弗拉多(巴罗洛葡萄酒)和韦尔切利(旧城的调味饭,一种用原汁清汤煮米饭的菜,常加有藏红花,并和磨碎的奶酪一起食用)等。

威尼斯周边

这里是进出东方的通路,乘小舟沿着白杨成行的布伦特运河作一次旅行——这是能看到富西纳和斯特拉之间以帕拉第奥建筑形式修建的壮丽辉煌的别墅的最好方法。你也能顺便探访帕多瓦。另外的选择是在意大利高速路上开车在白云石山脉中度过一天或两天。

热那亚周边

从意大利最大的海港出发,你将会发现开车沿着弯弯曲曲的里维埃拉沿岸道路向卡莫格利和波托菲诺前行是非常令人愉快的（数年以前，蒙内格里亚、莱万托和波多维纳瑞这些地方还未开通公路）。

博洛尼亚周边

博洛尼亚是借着食物和学术界的美名来彰显其特色的。从这里出发，进行一次远征去看看在拉文纳的拜占庭式镶嵌工艺，或者到欧洲最古老的小国圣马力诺一游。还可以深入到马尔凯的佩扎罗和优比诺去。

佛罗伦萨周边

佛罗伦萨是文艺复兴时期意大利的首都。以这个城市为中心，你可以到整个托斯卡纳转转。驾车经过基安蒂各个酒庄的葡萄园到锡耶纳，你将会从文艺复兴时期回到中世纪。再向南方是蒙蒂普尔查诺红葡萄酒的产地，皮恩扎和蒙塔齐诺是壮丽的文艺复兴时期的小城镇。在回程的路上，不要错过圣吉米纳诺的钟楼，然后还可以沿着海岸到比萨和卢卡。

还有一条路线可供选择：经过卡森提诺（梅迪奇的诞生地）到阿雷佐的旅行之后，再回到亚诺河。

罗马周边

罗马是罗马教皇所在地和巴洛克建筑风格的家乡。为什么不参观"神秘"的翁布利亚——奥维多白酒产地、托迪、阿西西、斯波莱托、塔拉西梅诺湖呢？或者还可以开车经由蒂沃利到拉奎拉和大萨索山，从弗洛西诺尼经苏尔莫纳（奥维德的城镇）的高速公路返回。

庞贝古城遗址

那波利周边

在波旁王朝的前首都,你能见到罗马帝国的居民在庞贝(意大利古都)和赫库兰尼姆的历史遗迹,以及今天有钱人在阿玛尔菲和波西塔诺的碧海蓝天下的奢华生活——卡普里和伊斯基亚岛自然也包括在内。

巴勒莫周边

巴勒莫位于西西里岛。在西西里的阿格利真托、拉古萨和锡拉库札都能看到泛希腊艺术的遗迹。最好是拿出整整一个星期的时间游遍整个西西里岛。

卡利亚里周边

卡利亚里的历史好像与整个意大利的官方历史是割裂开的。在这里,你可以比较一下努拉格村落古老的巨石砌成的史前石顶屋和撒丁岛上的现代建筑的差别。岛的周围有一圈公路,路况还不错,但路程会比较长。

卡利亚里风光

离开喧嚣的游客

萨尔纳诺是一座中世纪的小镇,这里的温泉闻名遐迩。它背靠西比里尼山,距亚得里亚海30英里(48.3公里)。意大利人非常喜爱这个温泉胜地,但外国游客很少光顾,所以不难想象,1989年5月的一个早晨,当人们看到查尔斯王子在镇中心的广场上散步、还跟路人打招呼时该有多么惊讶了。

查尔斯王子当时在意大利马尔凯进行一次绘画旅行。他去的那些地方许多人几乎从未听说过。他从佩萨洛(罗西尼的诞生地)到乌尔比诺去参观公爵宫;然后悠闲地乘汽车向南行进,沿途拜访乐斯(弗雷德里克二世出生的地方)、雷嘉纳提(诗人莱奥帕尔迪的家)、洛雷托(从前的宗教避难所)、辛格奥利、卡米里诺和马切拉塔。在萨纳诺周围参观完之后,他与意大利朋友一起在圣马帝诺国家公园吃午餐,然后在阿斯克里皮切利结束此行,那里可是意大利最好的地方之一,风景美不胜收,而且普通游客绝不会光顾。

如果你想远离喧嚣的游客,查尔斯王子在马尔凯乡村的旅行路线就完全可以拿来参考一下。

米兰火车站

公共交通工具

乘火车旅行

在这样一个山地丘陵绵延不绝的国家,乘火车旅行是个不错的选择。幸运的是铁路系统运转良好,费用不高,总的来说乘火车是一种高效舒适又令人愉快的出行方式。唯一的麻烦是火车可能过于拥挤,尤其是在夏天,而且有时还要面临火车工人罢工的窘况。

主干线上的列车有很多种,既有速度极快的高科技特快车,又有拖挂旧式车厢的怀旧列车。乘坐怀旧列车让人仿佛回到了50年前又坐在天鹅绒般温软舒适的列车车厢里。在支线铁路上,只在当地运行的火车慢悠悠地在城镇之间徐徐而行,在每个村庄都要停一下,好让放学的孩子们和提着满篮子杂货的农妇们下车。

不同类型的火车

下面是各种不同类型的火车:

- TEE(欧洲特快列车)即连接欧洲各国大城市的特快列车,时速很高,一般只出售一等车票。这种列车只在像米兰、博洛尼亚、佛罗伦萨、罗马、那波利或威尼斯这样的大城市停靠。票价也较普通火车价格高出很多,而且通常需要预订。"欧洲之星"(Eurostar)火车也是一样,但是有一等车票和二等车票可以选择。
- Rapido(空调特快列车)在主要城市之间行进,中间会有少数几个经停站。票价也要高一些,即普通价格加额外费用。
- Espresso(快车)在主要的城镇停靠,普通车票价格,不额外收费。
- Diretto(次快车)因站点多、频繁地停车,因而车速较慢。
- Accelerato(普快列车)其实是慢车的委婉说法,要是想悠闲地到乡间采集民风,乘坐这种火车不失为最佳选择;要是赶时间,千万不要买这种火车的车票。
- Intercity(高速列车)这是最近增加的地方性 TEE。它们提供主要的城市之间最好和最快速的交通联系,通常需要预订火车座位。

每一个车站都有列车进出站的通知。上车之前要再三确认是哪一类型的列车，因为次快车可能比空调特快提前驶出，但是到达目的地的时刻却相当晚；要是上了一列普快车，你可能就要花上一整天的时间了，途中想要再换乘可不那么容易。

在夏天的旅游高峰季节最好预订卧铺车厢，旅行社和车站都能买到车票。如果你想上车之前再买票，最好提前一些到车站去——当你在车站看到蛇一样

列车车厢内

移动缓慢的队伍时，一定会后悔为什么不早点出来。最简便的方法是上车后补票，但花费较多。要是觉得车厢不舒适或者太拥挤的话，也可以在车上补差价换车厢。

外国游客可以咨询当地旅行社或旅游信息中心购买一种火车旅游通票，期限分为一周或者一个月，可以在规定日期内无限制乘车，但是必须在到达意大利之前就买好这种通票。

较高等级的火车通常有餐车或自助餐车厢，有些列车上可能有小推车卖三明治和瓶装的饮料。如果都没有，你可以在中间的停靠站买这些吃的东西。有些车站的餐馆还不错，有些则一般。

注意：有时火车会更改发车站台，甚至有可能在最后一分钟发生变化，因此一定要确认发车地点。而且有些车厢跟其他车厢不一样，到达的目的地不同，所以要再三确认你的站台、车次和车厢。另外还要检查一下你的车票是否在有效期内，以及你要经过的路线上有没有罢工发生。

最重要的是，在夜间特别要小心你的随身物品，以免睡熟的时候被人拿走。

顺便提一句，行李在车站的物品寄存处可以存放数个小时，甚至几天。但是要记得问清工作人员他们什么时候下班——不要在你想上火车离开的时候才发现存放处关门了。

注意：要记得上车前在通往站台的入站口检票处的黄色机器中检票。

汽车

坐汽车是火车旅行之外的又一种选择，在乡村会更便捷。在有些地方，汽车是仅

有的公共交通工具。

汽车通常在火车站或城镇中心附近发车。在车前面会标明目的地,在门口一般贴有标语:"上车之前请买票,检票后再登车",也就是说你应该在上车之前到最近的烟草店或酒吧买票并在公共汽车后门的检票机器上打孔。如果你无票乘车,等着司机来惩罚你吧!他要是不高兴,就把你扔下去;他要是心情好,也可能拉你到售票亭等你买票回来。

你的行李可以放在汽车下面的行李舱里。

虽然舒适性可能有些差强人意,但乘公共汽车旅行其实比乘火车更容易交到朋友,而且沿途还可以更好地欣赏乡村的美丽景色。

两轮车

两轮轻型摩托车和自行车很难租到。除非你已经很有经验,要不然在意大利这种交通状况下骑车是有些冒险的。崎岖的山路绝不是新手们练习车技的地方。如果你碰巧是一名熟练的自行车手,坐火车时就可以把自行车一起托运。骑车徜徉在欧洲最迷人的风景里实在是一种极为惬意的享受。

徒步旅行

一般来说,在意大利乡间极少有路标,即便有路标其间也相距甚远,因而并不适合长途的徒步旅行。但是在阿尔卑斯山脉、白云石山脉和亚平宁山脉中有许多由意大利登山社(CAI)组织的山区远足队。

骑马旅行

这是一种逐渐流行起来的旅行方式,特别是在托斯卡纳地区。在那里大量的租马房如雨后春笋般出现,它们提供包括住所、骑马旅行在内的各种服务。如果你热心于这一类型的旅行,就向骑马观光事业国立协会(ANTE)咨询一下吧。

骑马旅行

娱乐活动

你的休闲活动取决于你所在的地区。如果你在海岸附近,那么能够游泳、航行和钓鱼的地方比比皆是。

现在网球场在各处都有。意大利人喜爱的运动有足球、篮球及自行车。

直到最近高消费的高尔夫球才开始流行,但是高尔夫球场并不是很多。壁球、羽毛球、板球和棒球等在意大利几乎没人会玩。

沿白云石山脉、阿尔卑斯山脉和亚平宁山脉向上有许多冬季运动场所。

在乡下,最有激情的活动莫过于狩猎和射击,不管是天上飞的还是地上跑的——野猪、野兔,人们几乎对着所有动物射击,连飞禽也不放过。在河流和湖泊中钓鱼也是一个流行的消遣方式,很多人喜欢钓捕人工饲养的鳟鱼。在临近海岸像基安蒂这些地方,你可以租到马匹,骑马游览葡萄园和森林。你还可以加入当地人的活动,比如为当地的乐团演奏等。在收获季节,甚至可以帮忙采摘葡萄和橄榄。每个城镇和村庄都有自己的圣徒日,人们燃放烟花、烤乳猪祭祀,并在露天广场中跳舞。

意大利不缺歌剧院——仅在马尔凯就不少于27座。夏天还有户外歌剧演出季,维罗纳的夏季歌剧演出就非常有名。罗马的卡尔凯拉浴场也是个好去处。

意大利人消磨时间的方式是到喜欢的咖啡馆或酒吧喝咖啡、吃冰激凌、玩桌球或纸牌游戏。

星期日早晨,许多意大利人仍然去做弥撒(在乡下,女人过去常在前面坐,男人在后面站着讨论农作物的收成),之后全家去餐馆午餐。在下午1:00到3:00之间,路上简直空无一人——这可是出行的大好时间。虽然大部分人信仰天主教,但如果非天主教徒到教堂听布道或做礼拜也是受欢迎的。如果一定要找到自己所信仰的宗教的活动场所,那只有在城市里碰碰运气了。

在意大利,俱乐部多为体育活动中心,不像英国或美国的俱乐部那样社会交往的性质更多一些。俱乐部一般专门性比较强,比如只有网球或者游泳一项。俱乐部里也都有更衣室、快餐厅等基本设施。意大利人,像大多数的地中海人一样,更喜欢在咖啡馆中看电视,或只是在广场中闲逛来消磨一整天。

高尔夫球设备

节日和假日

法定假日

1月1日	元旦
1月6日	主显节
3月/4月	复活节
4月25日	解放纪念日
5月1日	劳动节
6月2日	国庆节
8月15日	圣母玛丽亚升天日
11月1日	圣徒日
12月8日	圣母怀孕日
12月25日	圣诞节
12月26日	节礼日

主要节日活动

1月	奥斯塔大区圣·奥尔索节
2月/3月	威尼斯狂欢节
5月	古比奥蜡烛竞赛
6月	冈扎诺镇鲜花节
7月/8月	锡耶纳无鞍赛马节
10月	麦洛诺葡萄节
12月	圣诞马槽节

各城市主保圣人节

4月25日	圣马尔科节（威尼斯）
6月24日	圣约翰节（佛罗伦萨、热那亚、都灵）
6月29日	圣彼得和圣保罗节（罗马）
7月11日	圣罗莎莉亚节（巴勒莫）
9月19日	圣格纳诺节（那波利）
10月4日	圣罗尼奥节（波隆那）

第八章

学习语言

"我对上帝讲西班牙语,对女士讲意大利语,对男士讲法语,对我的马则讲——德语。"

——查理五世

意大利风光

和当地人聊天是了解一个国家乃至了解其国民行为方式的最好方法。因此,当你到一个新的国家,就要首先学习其语言。在意大利,会说法语或者西班牙语的人——这两种语言都属拉丁语系——有明显的优势。而且如果碰巧你已经在学校研究过数年的拉丁文,那就更容易了。因为现代的意大利语——现在的意大利人讲的意大利语——是古拉丁文随着历史和自然进化而来的。

拉丁语

拉丁语的痕迹在日常人们说话时常常都能听到(这不仅仅是意大利语特有的现象,拉丁语系,包括英语中也常有拉丁语词汇)。很大程度上,这是由于始终以拉丁文作为官方礼拜语言的天主教堂的影响。除此之外,意大利的学校里从六年级就开始教授拉丁文。

常用的拉丁语词汇

由于拉丁文的优势,现在很多的拉丁文的短语仍然在日常生活中使用。这里有一些例子,其中大部分是广为人知不需要翻译的:

- A posteriori(较晚的)–A priori(优先的)–Ad hoc(特别)–Alma mater(母校)–Alter ego(至交)
- Casus belli(开战的原因)–Coitus interruptus(中断性交)–Curriculum vitae(履历、简历)
- De facto(实际的)–De jure(法理上的)–Deus ex machina(解围的人或事件)–Divide e impera(分而治之)

第八章 学习语言

- EX aequo（平等地）–Ex libris（藏书签）–Ex novo（新意、创新）
- Genius loci（一个地方的风气或特色）
- Habeas corpus（人身保护权）–Honoris causa（为名誉起见）
- In extremis（在紧急情况下）–In vino veritas（酒醉吐真言）–inter nos（只限于我们之间秘密的）–Ipso facto（根据事实）
- Lapsus linguae（失言）
- Modus vivendi（生活方式/暂时妥协）–Mutatis mutandis（已作必要的修正）
- Non plus ultra（完美、最高点）–Nunc est bibendum（举杯庆贺）
- Pater familias（一家之长）–Per aspera ad astra（真相大白）Post mortem（死后的）–Post scriptum（手稿）–Primus inter pares（同辈中第一的）–Pro capite（收入）–Pro loco（正面地）–Pro memoria（记忆）–Pro tempore（暂时地）
- Quid pro quo（补偿物/交换物/代用品）
- Rara avis（稀有事物）
- Sine cura（没有变化、无烦恼）Sine die（无限期地）–Sine qua non（必要条件）–Status quo（现状）–Sub judice（在审判中）–Sui generis（独特的）
- Taedium vitae（厌世）
- Una tantum（一次性地、一次）
- Vox populi（舆论/人民的心声）

意大利语

罗马帝国沦陷之后，拉丁语"粗俗"的变体口语演化产生了地方方言。托斯卡纳区在中世纪和文艺复兴时期，处于经济、政治、文化的主导地位，因此托斯卡纳的方言被用作官方语言。文学巨匠（如但丁、彼特拉克和薄伽丘都是托斯卡纳人）用托斯卡纳方言创作的作品

但丁像

谢谢！（意大利语）

在14世纪成为标准语言。但丁甚至写了一篇论文来赞美这种新语言（虽然他是用拉丁文写的）。稍后的16世纪中，诗人本博和秕糠学会（意大利语学会）继续整理托斯卡纳方言使其成为官方语言。尽管如此，各地的居民仍继续他们的方言，因为方言不同时常引起麻烦，例如，复兴运动时期——19世纪后期意大利人寻求国家统一的时期——士兵时常被来自其他地区的指挥官下达的命令迷惑。

由于方言如此之多（连意大利人都常常不能完全听明白自己同胞所说的话），难怪除了"侵略者"和游客爱用手势比划外，意大利人也爱用手势来表达他们的意思。

肢体语言

用手说话——其实意大利人爱用身上各个部分帮助他们表达自己的意思。这跟他们喜爱歌剧、爱好社会交往是非常合拍的。

因此，让我们看看会帮助你与意大利人沟通的肢体语言吧：

- 互相问候时，男士会脱掉帽子（如果他们正戴着帽子），微微地鞠躬。他们可能吻女士的手，虽然这是相当正式的礼节。一般正式的问候握手即可。如果亲密朋友有很长的一段时间没有见面，他们/她们可能相互拥抱而且轻拍彼此。

肢体语言

第八章 学习语言 159

- 在肩上轻拍表示"干得好!"但是一只手从下巴向外轻弹意味着无所谓或没有印象。
- 双手在头上紧合是成功的表示——"我是最好的,我们已经做到了!"一个表示相同意思的比较细微的手势是用指尖摩擦衣服的翻领,意即"我很谦逊地说,我还不错!"
- 二根手指伸出呈V字形代表胜利。但是当食指和小指是向前伸的时候,它们表示喇叭或者象征有不贞妻子的男人。手指直接指着一个人意指"你没有好运"。
- 食指中指交叉和其他国家人们的含义一样:"祝你好运。"
- 摇摆食指——"当心,不要那么做,否则……"
- 手指放在嘴前——"我发誓!"
- 咬手指——"上帝,我快疯了!"而咬嘴唇表示"上帝呀,真是糟糕!"
- 手抬到前额,手掌向下——"我受够了,真恶心,烦死了。"
- 用一根手指敲面颊——"太好吃了。"
- 吻手指——"好样的,你该得到一个吻。"
- 松散地在身体之前摇动一只手——"不要再有下次! 真无聊,太痛苦了。"
- 伸开手,用下面的手不停地拍打上面的手是说"走开!"
- 伸开手,五指张开,上下移动——"放轻松点,静下心,慢慢来。"
- 拉下下眼皮——"睁大眼睛!当心点,他/她很聪明的。"
- 手放在胃上——"我饿了,受不了了。"
- 手指并拢上下地移动——"你到底想要什么?"
- 无力地转着手腕——"我们帮不了太多。"
- 抬起的手臂,另一只手击打在手肘上面的部分——"抬高点!"(这在意大利被

手势

握手

视为一个特别粗鲁无礼的手势）
- 两只手的手指张开，向后拉——"我和它无关。"
- 用手指点太阳穴——"你真蠢！"拍前额——"动动你的脑子！"
- 手放在前额，小指向外——"你认为我很愚蠢吗？"
- 双手放在前额——"我的天啊！"
- 手指在耳朵后面动——"他是同性恋。"
- 用拳头敲击桌子——"他哑巴了。"
- 一根手指轻打一颗牙齿——"绝对不行。"

肢体接触

意大利人之间的肢体接触比盎格鲁·撒克逊人和亚洲人要多。它通常表示诚恳友好的愿望，表示沟通。在交谈期间，意大利人可能会用手碰到你的前臂。这是意大利肢体语言的一部分，而且你不应该认为这里有某种特殊意义。当坐着交谈的时候，意大利人的手有时会碰你的腿，这表示亲密的关系——或渴望建立这种关系。

两个男士或两个女士挽臂散步是司空见惯的，这只是表示友谊。然而紧握着手则表示亲密，搂着别人的腰也是一样。

在意大利握手是很普通的。拥抱问好或者告别也是普遍的，但是通常这些只用于老朋友之间。也可以轻吻脸颊。

掐一下女人的臀部在几十年以前还是可以的，但是现在已经没有人这么做了。

少数民族语言

1860年，当不同的封建小国联合在一起形成了统一的意大利，萨伏依的国王变成了

第八章 学习语言　　161

意大利的第一任国王。和总理加富尔一样，国王维克托·艾曼努尔的母语是法语。因此他委托作家曼佐尼宣传使用托斯卡纳语，并把它作为官方语言。

在所有的学校有托斯卡纳语这门课。一些少数民族仍然继续坚持他们的语言和文化。大约250万意大利人，即5%的人口仍然使用自己的语言。这些少数民族是：

■ 上阿迪杰和南蒂罗尔地区的居民讲德语，这两个地区是第一次世界大战后划归意大利的。
■ 在的里雅斯特、戈里齐亚、乌迪内和南方坎波巴索周围地区的斯拉夫群体。
■ 在南方约有95 000名阿尔巴尼亚人。
■ 在北方说辛提方言的吉普赛人，在中部和南方说Rom方言的少数民族（很难说出有多少人）。
■ 在威尼斯的圣拉扎罗岛上的亚美尼亚人，人数很少。
■ 普罗旺斯语——在皮埃蒙特的都灵和古内奥附近说普罗旺斯语的有约50 000人。
■ 大约3/4的瓦莱达·奥斯塔的居民说一种法国方言。
■ 14世纪以来，撒丁岛的加泰罗尼亚人就一直讲一种听起来是西班牙语、却又更像法语的语言。

意大利语的拼写

有时你可能会需要拼写重要的字，可是对方却听不懂你拼的字母。反过来，你也可能听不懂对面那个意大利人正在拼的是什么。或许他又解释了一下他的拼写，可这会让你更糊涂了。意大利语里没有一个解释拼写字母的口诀，意大利人创造性地使用他们的语言，拼写的时候通常使用城市的名字。

通常，意大利人拼字母时，为了找到以这个字母开头的词，首先会想到用他自己家乡的名字，或者用城市或大区的名字。诸如W、X和Y之类的字母他们理解起来会很困难。这里有一些用于飞机场和国际组织的拼写方式，去意大利之前最好把它

撒丁岛风光

们记住。到了意大利你可能会学到意大利式拼写，如Rome中的R、Domodossola中的D、Poggibonsi中的P等。

A	Alfa
B	Bravo
C	Charlie
D	Delta
E	Echo
F	Foxtrot
G	Golf
H	Hotel
I	India
J	Juliet
K	Kilo
L	Lima
M	Mike
N	November
O	Oscar
P	Papa
Q	Quebec
R	Romeo
S	Sierra
T	Tango
U	Uniform
V	Victor
W	Whiskey
X	Xray
Y	Yankee
Z	Zulu

下面是意大利人常用的方式：

A	Asti
B	Bergamo
C	Caltanissetta
D	Domodossola
E	Enna
F	Firenze
G	Genova
H	Holen（near Bolzano）
I	Imperia
J	Jesolo（near Venice）
K	Kamma（near Trapani）
L	L' Aquila
M	Macerata
N	Napoli
O	Otranto
P	Padova
Q	Quarto（near Naples）
R	Roma
S	Sondrio
T	Taranto
U	Ustica
V	Venezia
Z	Zagarolo

事实上意大利以W、X、Y开头的地名还是有的。如Waldbruch 的W（在博尔扎诺附近）和 Xitta的 X（在特拉帕尼的附近），这两个城市都在北方，所以到了南部就不会有人用这些字了。

清除外来词语

20世纪三四十年代的法西斯政权尝试把不同的种族群体融入主流文化。同时，墨索里尼发动了一场语言学战争，旨在从意大利语中除去外国语言的影响。

他整顿意大利语的运动引入了一些全新的语言表达，因而在足球比赛中，"进球"这个词变成了meta，而且"角球"变成了angolo。墨索里尼的大众文化部（MINCULPOP）将唐老鸭叫成 Paperino，将米老鼠叫成 Topolino（这是菲亚特汽车公司第一款热卖车型），将它们的朋友高飞的名字也换成了Pippo。在爵士乐中，圣路易斯蓝调变成了 Le tristezze di San Luigi。但是法西斯主义战败后，这些词已经从意大利词汇中消失。第二次世界大战之后，西风渐进，现在英语是较年轻的意大利人的第二语言。

来自于英语的词汇

以下是意大利人现在使用的约 200 个英文词汇：

- All right（一切顺利）–art director（布景师）–audience（观众）
- Baby sitter（保姆）–background（背景）–barbecue（烤肉）–bed & breakfast–（床和早餐）–bitter（苦味）–blackout（灯火管制）–black tie（黑色的领带）–blazer（颜色鲜明的运动夹克）–blue chip（绩优股）–blue collar（蓝领）–bluff（诈骗）– body building（健身）–box（盒子）–boyfriend（男朋友）–briefing（简报）–broker（经纪人）–brunch（早午餐）–budget（预算）–bungalow（平房）–buyer（买主）–bye bye（再见）
- Cafeteria（自助餐厅）–camera（照相机）–campus（校园）–caravan（旅行队）–cardigan（羊毛衫）–cash（现金）–casual（偶然）–challenge（挑战）–charter（宪章）–check（检查）–chewing gum（口香糖）–chip（薄片）– clan（氏族）–club（俱乐部）–cocktail（鸡尾酒）–coffee break（休息）–computer（计算机）–connection（连接）–container（容器）–copyright（版权）–copywriter（广告文编写人）–corner（角落）–countdown（倒数计时）

- Dancing（舞蹈）–dandy（花花公子）–darling（亲爱的）–design（图案设计）–disc jockey（电台节目主持人）–dribbling（泄漏）– drink（饮料）–drive in（免下车餐馆）–dry（干）
- Escalation（扩大）–establishment（建立）–executive（主管）
- Fashion（流行）–fast food（速食）–feeling（感觉）–fiction（小说）–fifty-fifty（一半一半的）–flash（闪光）–flirt（卖弄风骚的人）–franchising（连锁）–freezer（冰箱）
- Gadget（小玩意）–gag（压制言论自由）–game（游戏）–gay（同性恋）–gentleman（绅士）–girlfriend（女朋友）–glamour（迷人的美）–globe（地球）–trotter（良驹）–goodbye（再见）–grill（烤架）–gulp（吞）
- Hamburger（汉堡）–handling（处理）– happening（发生）–hi-fi（高保真立体声音响组合）–hippy（嬉皮士）–hi-tech（高科技）–hostess（女主人）–hot dog（热狗）–humour（幽默）
- Impasse（僵局）–input（输入）
- Jazz（爵士乐）–jeans（牛仔裤）–jeep（吉普车）–jelly（果冻）–jersey（毛织运动衫）–jet（喷气式飞机）–jockey（赛马的骑师）–jukebox（自动唱片点唱机）–jumbo（庞然大物）
- Ketchup（番茄酱）–killer（凶手）–king size（大号）–knock out（破坏）
- Lady（淑女）–laser（激光）–layout（布局区划）–leader（领袖）–leasing（租赁）–limousine（大轿车）–lobby（游说议员）– look（神情）–love（爱）–lunch（午餐）

意大利语标志

■ Mailing（邮寄）–make up（制作）–manager（经理）–marketing（行销）–mass（大众）–media（传媒）–master（主人）–match（比赛）–meeting（会议）–merchandising（交易）–mix（混合）–monitor（监视器）– musical（音乐片）

■ Network（网络）–nurse（护士）

■ Off limits（禁止进入）–off shore（在近海处）–okay（好）–old fashioned（旧式的）–open（打开）–optional（可选择的）– out（外面）–outdoor（户外）–output（产量）–outsider（局外人）–overdose（服药过量）

■ Paperback（平装本）–partner（合伙人）–party（宴会）–performance（表现）–pick-up（取）–picnic（野餐）–playback（重放）–playboy（花花公子）–pocket money（零用钱）–pole position（跑道内圈）– popcorn（爆米花）–privacy（隐私）–pub（酒馆）–public relations（公共关系）–pullman（软卧车）–punch（打洞器）–punk（朋克/小阿飞）–puzzle（难题）

■ Quiz（小考）

■ Racket（球拍）–raid（袭击）–recital（背诵）–record（记录）–relax（放松）–residence（住宅）–revival（复兴）– robot（机器人）

吉普车

- Safari（丛林狩猎）–sandwich（三明治）–scooter（滑板车）–script（手迹）–self-control（克己）–sex（性别）–appeal（诉愿）–sexy（性感的）–shock（震惊）–shampoo（洗发精）–shopping（购物）–show（表演）–single（单一）–sketch（素描）–slang（俚语）–smoking（抽烟）–snack（点心）–snob（势利鬼）–software（软件）–speaker（喇叭）–spider（蜘蛛）–spoiler（扰流器）–sponsor（赞助）–spot（污点、场所）–spray（喷雾）–sprint（全速短跑）–staff（职员）–standard（标准）–star（星星）–starter（启动器）–station wagon（旅行车）–status（状态）–stop（停止）–stress（压迫力）–striptease（脱衣舞）–stylist（设计师）–supporter（支持者）–suspense（悬疑）–swing（摇摆）–symbol（符号）

照相机

- Talk show（脱口秀）–target（目标）–team（队）–teenager（青少年）–test（测试）–thriller（恐怖小说）–top（顶端）–transit（经过）–trend（趋势）–trip（旅行）–trust（信赖）–turnover（成交量）
- Underground（地铁）–unisex（男女通用的）–uppercut（上钩拳）
- Vamp（荡妇/小妖精）–VIP（贵宾）–visa（签证）–voucher（证人）
- Walkie talkie（对讲机）–way of life（生活方式）–weekend（周末）–western（西方的）–work in progress（工作进展）
- Yacht（游艇）–Yankee（美国人）–yuppie（雅皮）

容易混淆的词

但是，说意大利语的时候还是应该慎重些，不要太多仰赖你的英文。在两种语言中有相当多的词汇似乎是一样的，或者说是非常相似的，但它们的意义却截然不同。

（下列词条解释顺序为：意大利语词 英语含义 中文解释 与之相像的英语词 中文解释）

- Bravo clever（聪明的）；brave is coraggioso（勇敢的是coraggioso）

- Caldo hot（热的）；cold is freddo（寒冷是freddo）
- Camera room（房间）；a camera is una macchina fotografica（照相机是macchina fotografica）
- Cina China（中国）；China (porcelain) is porcellane（瓷器是porcellane）
- Confidenza familiarity（熟悉）；confidence is fiducia（信心是 fiducia）
- Delusione disappointment（失望）；delusion is illusione（迷惑是illusione）
- Disgrazia misfortune（不幸）；disgrace is disonore（耻辱是disonore）
- Estate summer（夏天）；estate is tenuta（不动产是tenuta）
- Fattoria farm（耕种）；factory is fabbrica（工厂是fabbrica）
- Gentile kind（类型）；genteel is raffinato（有教养的是raffinato）
- Ingenuita ingenuousness（坦白）；ingenuity is ingegnosita（智巧是 ingegnosita）
- Lettura reading（阅读）；lecture is conferenza（演讲是conferenza）
- Morbido soft（软的）；morbid is morboso（不健全的是morboso）
- Notizia news（新闻）；notice is avviso（注意是avviso）
- Ostrica oyster（牡蛎）；ostrich is struzzo（鸵鸟是struzzo）
- Parenti relatives（亲戚）；parents is genitori（父母是genitori）
- Recipiente receptacle（容器）；recipient is ricevente（接受者是ricevente）
- Romanzo novel（小说）；romance is storia d'amore（浪漫史是storia d'amore）
- Rumore noise（噪音）；rumour is voce（传闻是voce）

意大利报纸

第八章　学习语言

- Scolaro schoolboy（男学生）；scholar is studioso（学者是studioso）
- Triviale vulgar（粗俗的）；trivial is banale（琐细的是banale）
- Tutore guardian（监护人）；tutor is insegnante（指导教师是insegnante）
- Vegetali plants（植物）；vegetables is verdura（蔬菜是verdura）

日常用语

现今，电视和新闻媒体已经形成了一种新的语言风格，它是几种地方语言的混合体，既有起源于托斯卡纳方言的标准意大利语，又包括国家政治中心罗马和经济首府米兰的人们的日常用语。

尽管语言有逐渐标准化、同一化的趋势，但意大利语言仍保留着令人陶醉的韵味和多姿多彩的特色。就连意大利人说的那些骂人的话也是多种多样，下面就是一些脏话的英文含义及中文解释：

跟动物有关的脏话

Animale	animal（动物）
Asino	donkey（驴子）
Babbeo（or babbuino）	baboon（狒狒）
Bestia	beast（畜生）
Cane	dog（狗，尾随）
Maiale（or porco）	pig（猪）
Mostro	monster（怪物）
Pachiderma	pachyderm（厚皮类/迟钝的人）
Pidocchio	lice虱子（pidocchio rifatto是自负的虱子）
Piattola	bug（烦扰）
Scimmione	big ape（大猿猴）
Serpe	snake（蛇）
Somaro	arse（饭桶）
Verme	worm（蠕行）

有趣的猪

狒狒

跟性有关的脏话

Becco, cornuto	cuckold（不贞）
Cazzone, minchia	prick（阴茎）
Checca	queen（男同性恋）
Coglione	testicle（睾丸）
Culo	arse（屁股）（buco di culo is arse hole是肛门）
Degenerato	degenerate（精神变态）
Depravato	depraved（堕落的）
Frocio	homosexual（同性恋）
Mezz'omo	half man（半男半女）
Pappone, mantenuto	pimp（男妓）
Pervertito	pervert（性变态）
Puttana, maiala, troia, mignotta, squaldrina	whore（卖淫/妓女）
Sporcaccione, zozzone	dirty old man（老色鬼）
Testa di cazzo	prickhead（阴茎）

跟蠢笨有关的脏话

Cretino	cretin（白痴）

酒鬼

Ldiota	idiot（白痴）
Matto	crazy（发狂的）
Imbecille	imbecile（愚蠢的人）
Pazzo	mad（疯狂的）
Rincoglionito, rimbambito, rincitrullito	senile（衰老的）
Stupido, ebete	stupid（愚蠢的）

跟肮脏不干净的东西有关的脏话

Merda, merdoso, pezzo di merda	shit, piece of shit（大粪）
Pidocchioso	full of lice（长虱子的）
Puzzone, fetente	stinker（散发恶臭之人）
Stronzo	turd（粪）

跟社会行为有关的脏话

Bandito	bandit（强盗）
Brigante	brigand（土匪）
Contadino	peasant（农民）

Delinquente, canaglia, mascalzone, farabutlo	criminal（罪犯）
Ladro	thief（小偷）
Menagramo, jettatore, uccello del malaugurio	person of ill omen（有坏预兆的人）
Traditore	traitor（叛逆者）
Ubriaco	drunkard（酒鬼）
Vigliacco	coward（懦弱的人）
Villano	ill-mannered boor（态度恶劣的粗野人）

跟家人有关的脏话

Figlio di un cane	son of a dog（狗养的）
Figlio di troia	son of a bitch（狗娘养的）
Mortacci tua	a plague on your ancestors（诅咒你的祖先）

表示爱的语言

虽然以上这些词有不太好的含义，但意大利人和他们的语言还是非常美好的，他们有丰富多彩的关于爱的词汇，对照如下：

Amore mio	my love（我的爱）
Angelo	angel（天使）
Biscottino	little cookie（小甜心）
Bistecchina	little steak（小牛扒，意即亲爱的）
Caro（masculine）（用于男性）/ Cara（feminine）（用于女性）	dear（亲爱的）
Carissimo, carissima	dearest（最亲爱的）
Dolcezza mia	my sweetness（我的甜心）
Fragolina	little strawberry（小草莓，意即亲爱的）
Gucci-pucci, ebo-lebo	onomatopoeic nonsense（拟声词，无实际意义）
Luce degli occhi miei	light of my eyes（我眼睛里的光）
Meraviglioso	marvellous（了不起的）

Meringhina	little pastry(小面团,意即亲爱的)
Mia principessa	my princess(我的公主)
Mia regina	my queen(我的皇后)
Micio	kitten(小猫),coniglietto is bunny(coniglietto 是兔子)
Mio principe azzurro	my handsome prince(我英俊的王子)
Tesoro	my treasure(我的宝贝)
Vita mia	my life(我的生命), anima mia is my soul(anima mia 是我的灵魂)
Vivo per te	I live for you(我为你而活)
Zuccherino	little sugar(甜心)

可爱的兔子

学习意大利语言

学点儿意大利语问路或是点菜很容易,困难的是正确而优雅地讲这种语言。你常常会感觉到学过的语法好像都没有用,因为例外的情况实在太多了,意大利语就像是没有规则可循的。

举例来说,想要表达"你"这个意思,在意大利语中可以用第二人称单数、第三人称单数、第二人称复数或第三人称复数。你选用哪一个依亲密或尊敬程度而定。

在马尔凯地区,用人称代名词"tu"称呼任何人都可以(很多广告里也这么用)。但是在大多数其他地区,这个词仅仅用于家庭范围内,如果用它来称呼其他人就有些太过随便了。因此称别人"lei"还算比较安全,尽管事实上其字面意义是"她"。还有,要是你看到意大利人的信中只字不提发件人和收件人,而且也没有以"亲爱的先生"或"亲爱的女士"开头,千万别生气。

还有一些词会引起歧义。如果某个官方的机构要求你"act tempestivamente",这不是要求你有暴风雨那样快速的反应,只是要你在规定的时间里按照要求做就行了。如果你被告知要"denunciare"你的居住地,并不是指你应该抱怨你所待的地方,而只是要你提供住址而已。"ricoverato all'ospedale"不是说你已经从医院康复,只是表明你在医院接受过治疗。但是如果"concussione"一词被提到,并不意味着有人头部挨打,而是更糟糕的,他被怀疑敲诈勒索。当你享受一份嫩牛排的时候,可以赞扬说"morbtda"。但是千万不要对侍者说你非常"sofisticato",因为这个词暗示食物被掺了不好的东西,而你要向健康主管当局投诉。

意大利人的姓名

最后,记得在意大利姓通常放在前,所以(至少是在正式场合)你的姓名就要姓在前名在后。另外,妇女结婚后也总是要保留她的娘家姓。

集市一角

第九章

在意大利工作和经商

"工作使人受到尊敬——也让他变得跟野兽一样。"

——意大利谚语

罗马人发明了海上保险，即人们熟知的"船舶抵押契约"——他们或许是从伊特鲁里亚人那里继承的。古希腊传记作家和哲学家普卢塔克的书中记载过监察官卡托有大笔资金用于放贷。中世纪时期意大利人在银行业几乎处于垄断地位，作为梵蒂冈的金融顾问，他们掌管着罗马帝国的大笔税款。

佛罗伦萨人发明了钞票，锡耶纳人发明了复式记账簿，梅第奇银行最先创立了今天的控股公司。伦巴第人被称作"教皇御用商人"——伦敦最著名的街道就是以他们的名字命名的。正是他们把银行业和保险业带到英国。直至今天，劳埃德海上保险协会的保险条款仍沿袭了其意大利语源，比如用"polizza"表示承诺或保证。

因此，在意大利做生意的时候，请记住你是在和具有与生俱来的商业头脑的意大利人打交道。意大利北方有欧洲最大的工业企业，南方人也精明得很。俗话说"早起的鸟儿有食吃"，跟意大利人做生意，你得起得更早才行。

障碍

需要克服的最大障碍是意大利根深蒂固的官僚作风以及几十年来大多数政府部门都有的可怕的腐败之风。1992—1994年的"净手运动"把反腐矛头指向滥用职权的大小官员，希望通过新的分配制度消除弊病，拯救国家经济。现在看来，这一运动已经取得了成效。

意大利复杂的税收制度让人糊涂。税务繁重且不成比例——伊诺第总统曾经说过，要是把需缴纳的全部税种都算上，意大利人要缴的税是他们收入的150%。结果是北方

港口的货船

人缴税额要多于南方，而南方有15%的人口完全逃税。这的确是件棘手的事，主管当局已开始寻求解决的办法。

法制系统也相当混乱。30年以前，一个著名的法学家评论说意大利是有"250 000部法律"的国家。自那以后，法律的数量翻了一倍还多。与此同时古罗马时代、中世纪、波旁王朝时期、拿破仑时期、意大利的王国时期和法西斯政权时期的许多法律条款仍未被废除。通常新的法律在被列入法典之前要修改

正在工作的法官

多次。所有法律都还要遵循自布鲁塞尔欧盟总部发出的各项法律和规定。所以难怪平民百姓对法律条文感到头痛，就连律师也是如此。

开始

至少在理论上，新的欧洲单一市场意味着障碍正在减少，欧洲人能像在自己的国家那样游刃有余。但是在自己的国家创业要相对地容易，在陌生的经商环境中冒险总是要难很多，更何况文化和语言氛围也大不相同。

市场差距

显然首先要做可行性研究——或者简单地说，调查市场行情以确保你的商业冒险不失败。

第二是要学习语言，这在意大利尤其重要。在这里成功要仰赖你是否能与很多不会讲你的语言的人交流（公平地说，他们为什么应该会讲你的国家的语言呢？）。要融入当地的生活，你必须要流利地使用这个地方的语言。这可是普通的常识。

对移民来说，在意大利工作的机会越来越多，因此对找工作的人和想要开创自己事业的人来说，机会很多。

意大利公司或是国际性公司的就业机会很多。在欧盟条例之下，不少于92个行业的合格专业人士已经被各成员国接受，将来还会有更多的专业资质得到承认。

这意味着欧盟居民有权利获得意大利提供的工作机会，他们申请一份工作许可证就

可以获得工作。如果他们想要自己开创公司，可以自由确定品牌。当然，不属于欧盟国家的居民就不能享有这些权利。

程序

你必须要有认可的经商执照才可以做生意。自主经营的个人被要求在他们创业的社区注册登记。如果你想单干的话，这种方式相对简单又方便。麻烦的是你将会被不停地收税，而且通常是难以承受的。

最简单的合伙公司可以在至少两个人之间形成。公司要有会计记账，仓库进出货物也要有记录。还要保存如商务信件的备份和所有发票之类的文件。而且合伙人要承担债务。

其他的公司形式：

■ Societa in nome collettivo（Snc），一般的无限责任公司。

■ Societa in accomandita semplice（Sas），在这种情况下单个股东根据他们所投资金的比例负相应的责任。

■ Societa in accomandita per Azioni（SapA），管理层无限责任公司。

公司结构：

■ Societa per Azioni（SPA），股份有限公司，等同于英国的有限责任公司。注册资本必须在10 000欧元以上（其中的30%必须存放在意大利的银行作为注册资金直到正式的注册手续完成）。如果想要上市，注册资本至少要有100 000欧元。

■ Societa a responsibilita limitata（Srl），私人股份制公司。建立一家（SRI）公司要比建立（SPA）花费少，如果资金低于50 000欧元的话，不需要聘用审计师核查。

注册一家公司或建立一种合作关系手续复杂而且花费也不少。最佳方法是你正式委托会计公司给予指导，并雇用专业的商务顾问处理你的财务。

可以选择购买一个已经注册了的公司。这不但节省时间，而且避免许多与官僚打交道的麻烦。但你必须对你要购买的这个公司有绝对的把握，清楚你还

威尼斯

要为这个公司承担哪些责任。光是看资产负债表是不够的——在作决定之前向一家会计事务所进行咨询是有必要的。

举例来说,雇主和职员之间的关系是受到社会法和劳工法管辖的。比起其他欧盟国家,意大利法律对雇员权益的保护要更多一些。所以不妨多考虑一些,免得将来会有无法解雇不能胜任工作的员工那样的麻烦。简而言之,如果说在意大利做生意回报多,风险也同样多。

> 我们建议你咨询当地的意大利商会,或者美国境外商业服务协会(United States Foreign and Commercial Service)和驻意大利的英国商会(British Chambers of Commerces)。这些机构和意大利驻外使馆的商务处一样,将会告诉你,如果你不是欧盟居民该如何在意大利建立自己的公司。

商务礼仪

跟意大利人做生意,好的一方面当然是他们性格热情随和,令人愉快。就连谈判的气氛都很悠闲,通常都会在一顿欢乐丰盛的午餐后结束。所以了解一些具有地方特色的事物是很有用的,同时自己国家的文学和艺术知识也要掌握一些才行。

虽然谈判气氛友好轻松,但是你会发现商务程序却是较保守的,等级观念比起其他许多地方更为严重。人们很注重级别和地位,高级主管很少会和年轻职员在餐厅里聊天说笑。公司里的同事可能在私底下彼此只称呼对方的名字,但是在会议中他们会用印在名片上的头衔称呼对方。

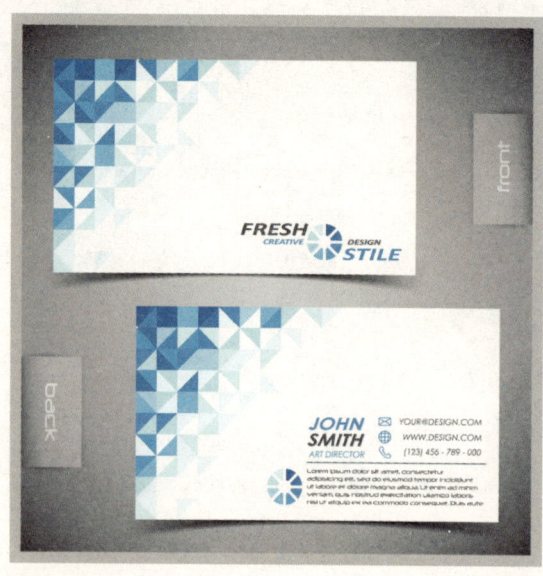

信封

只要你遵循以上这些惯例,至少在到意大利的最初阶段,你会做得不错,你也不会觉得商务礼仪多么烦琐。称呼别人时,如果他的名片上印有头衔,就按照头衔称呼好了。这些头衔包括Padrone(老板)、Commendatore(功勋奖章获得者)、Ingegnere(工程师)、Ragioniere(会计)、Avvocato(律师)、Architetto(建筑师)、Geometra(检查官)、Dottore/Dortoressa(博士)等。如果不知道头衔,可以用Signor(先生)和Signora(女士)。另外,除了逛街,穿着打扮要正式一些。

商务小贴士

- 如果你正在意大利做生意,记住:从传统上来说,做生意的人和生意本身一样重要。过程决定结果。表现出积极的个人态度,并随身携带笔记本或在节假日问候对方,将会使你的合作者在和你合作时感到愉快,并愿意考虑下一次的合作。
- 稳重是受人尊敬的,留给对方争强好斗的印象则不好。在谈判过程中即使你有铁拳头,也要表现得外柔内刚。
- 古话说得好:"I migliori affari si fanno in due"(双赢是最好的结果)——不要以一方利益损失为代价。向对方表明你是站在对方的立场考虑问题。
- 习惯上,就像合同具有约束力一样,说过的话就不应该反悔。现代很多人已经不再这么做了,但是大多数的意大利人仍然在沿用这个旧习惯。因此如果意大利伙伴给你的书面合同不过是直接把口头协议打印了一下而已,用不着大惊小怪。你可以照猫画虎,下次交易你也这么做。

工作时间

一般情况下，意大利人一周工作五天共40小时。有些商店会在星期六营业，还有一些私人的办公室在星期六上午也要办公。工作时间是不同的，传统上一般是早上9:00到下午1:00，然后再从下午3:00到7:00；现在大多数工厂和公共机构是早上9:00到下午5:00，中间有1小时的午餐休息时间。商店通常延后，从早上9:00到下午1:00，然后再从下午5:00营业到晚上8:00（冬天是下午4:30到7:30）。一些律师和其他的专业人士甚至工作到更晚。

事实上，整个国家从7月20日到8月20日都不工作。但娱乐业除外，因为夏天假期是娱乐活动的旺季。每位职员每年有五个到六个星期的假期，还有法定节假日：

- 1月1日　　　　　元旦（Capodanno）
- 1月6日　　　　　主显节（La Befana）
- 3月底或4月初　　复活节（Pasqua）
- 4月25日　　　　 独立日
- 5月1日　　　　　工党日（Primo Maggio）
- 8月15日　　　　 圣母升天日（Ferragosto）
- 11月1日　　　　 圣徒节（Ognissanti）
- 12月8日　　　　 圣母纯洁成胎节（L'Immacolata Concezione）
- 12月25日　　　　圣诞节（Natale）
- 12月26日　　　　节礼日（Santo Stefano）

谈判

在意大利，时间不尽然就是金钱，而且高压力的工作方式通常是不受赏识的。愉快

营业时间

地交谈几分钟能使每个人熟悉起来,然后,不管你只是想实地考察一下还是想马上就做成生意,你都可以把想要说的说出来。

意大利人谈判通常都是迂回进行的,他们不喜欢一是一、二是二地一下子就摊牌。但是另一方面,他们顾虑太多,并把希望寄托在最后一秒钟可能适得其反。

意大利的人力资源

意大利人拥有与生俱来的构思和谋划能力。他们像魔术师一样有创造天赋。例如,一个乡村建筑工人会在信封背面给你画出壁炉或者楼梯的草图;一名机械工即兴在黑板上画出一幅设计图,按照这幅图可能要几个星期才能把设备做好。

下面是两个意大利商业天才工作的例子:

设计师

平尼法瑞纳开创了汽车款式设计的艺术。20世纪50年代很多独立的汽车制造商在都灵开设工作室。福特的蒙迪欧、福克斯,菲亚特的博通,菲索雷的T8和T12等都是从法

瑞纳那里学到设计技艺。它们成功的秘诀是在通用底盘上制造式样特别的车型,许多设计被大的汽车制造商暗中预订,以便启发他们自己的设计部门。

然而几乎所有都灵的汽车工作室都聘

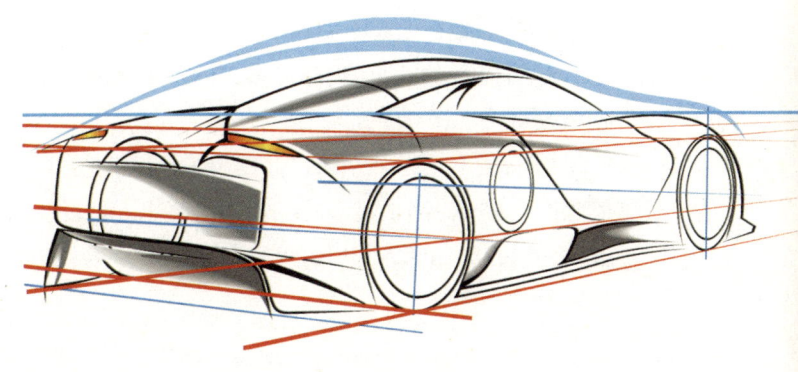

新概念汽车设计

用了相同的自由设计师。每年大约300个不同的车型都是由乔瓦尼·米凯洛蒂(Giovanni Michelotti)设计的。1957年日内瓦车展中,当米凯洛蒂的名字出现在英国迷你概念车上时,这位小个子的艺术大师发现自己一夜成名了。

很快,英国标准–凯旋车厂就发现汽车设计模型都可以在都灵制造,而花费却只是在英国设计的一小部分,于是米凯洛蒂被聘为设计顾问。他们首先要米凯洛蒂设计一款新的实用汽车。米凯洛蒂谨遵工厂要求,他的设计草案也被董事会认可。但是车厂的首席工程师却有种预感:如果允许米凯洛蒂自由发挥,他会做得更好。他自己认为汽车应该是什么样的呢?

正在首席工程师讲话的时候,米凯洛蒂对汽车前灯稍作补充,用一把有点弯的法国尺子从前灯底部向汽车尾部画了一条线。米凯洛蒂为它取名"飞镖"线,并当场确定主题。

第二天早晨当首席工程师回到了米凯洛蒂的工作室时,他发现了钉在墙上的3幅1/10比例的彩色图画,还有一张上面画着原样大小的流线型汽车的纸。有一刻钟的时间他屏息研究着这几张设计图。最后他说:"我可能要失业了。但是让董事会的决定见鬼去吧。我们必须制造这样的汽车。"这就是"凯旋使者"这款车问世的过程,事实证明它是公司最成功的车型,并连续生产了20年。

后来米凯洛蒂带着"新凯旋"TR4的设计图来到工厂,但考文垂人不想要这样的款式(他们抱怨他的设计让这款车从粗糙的英国教徒般的雄性动物变成了甜美的意大利女人)。"如果我理解正确的话,"他在回伦敦途中反思道,"他们想要我设计一辆丑陋的汽车。"

因此他忙碌了整整一夜。修正版设计图是辆矮矮胖胖但个性张扬的车,粗犷硬朗的前灯从侧面和"凯旋"特有的格栅相接。它虽极其丑陋,但却引人注目。

第二天中午,他在伦敦展示设计图的时候,凯旋车厂的主席无法相信自己的眼睛。这一款正是他们想要的。TR4下线了——它几乎和米凯洛蒂设计的一模一样。现在这款车已成为经典之作。

　　很多工厂都有一个庞大的设计部门,它们往往要花上几个月的时间设计一款新车。但是米凯洛蒂一个人就会在几小时内拿出几款畅销车的设计图。

　　由于平尼法瑞纳和乔治亚罗的骄人成绩,都灵变成了世界汽车设计中心——这是一个聚集个人智慧的惊人例子。

企业家的创业精神

　　正如马尔凯是个复数词,马尔凯是由一个个小而独立的城镇集合而成的——每一个小城的人们都有它自己的幽默感。不同的小城人们说话时的语音、语调都不同,各地的风俗习惯也不同,人们对家乡的热爱极其强烈。

　　然而这些看起来完全不同的特质恰恰是这一地区经济腾飞的基础——工业发展和家庭作坊的成功令经济学家和社会学家一样着迷,他们把这一现象称为"马尔凯奇迹"。为何一个几年以前还有60%农村人口的农业区,突然就变成了一个主要的工业

意大利一家船厂车间

区呢？

也许事实是这样的：马尔凯人一直以来就不仅仅是普通农民。他必须是万能的——他得会木匠活、会编篮子、会种树、会修机器和工具——因为家庭里妇女自己织布。小佃农的身份使他比普通农夫对地主（通常他们在镇上有一家店铺或从事一些职业活动）更具责任感，因为他和地主的关系是合伙人，而不只是雇用关系。换句话说，他是企业家的雏形。

沿海岸而下分布的各种工厂无不彰显农民们的精神特质。许多新的企业家可能在成功之前有过在工厂车间工作的经验，很少有人是商人世家出身。

即使是较大的企业，其运行方式仍然跟旧式的英国家庭作坊没有多大区

"意大利制造"标签

别。一个典型的例子是，工厂由四五个兄弟共同投资建立，他们的十几个孩子也参与管理。但是在他们开始做管理工作之前，都要遵循一些基本的原则。

第一，工厂的利益高于一切个人需要。第二，不能有来自妻子或亲戚的干扰。第三，任何人不得用公司的资金来满足个人的需要（红利可以分配，但是资产是不可动的）。

年轻人接受这些原则后，还要经受磨炼，必须从基层做起。他们被鼓励要和同胞兄弟以及堂兄弟、表兄弟们一起进步。每个人在4年的学徒生涯之后由各自的经理作出评价——不只是他的工作能力，还有他的个人行为也要受到评判。只有合格，才被允许进入管理层。

这种几乎从维多利亚女王时代开始的严格考核制度完全能说明马尔凯地区的公司和意大利其他的公司的区别。经济学家杰尔吉·弗阿认为，事实上大部分马尔凯地区的工厂规模都不大，而且都与家庭紧密相连。它们赚的钱不会去挥霍，并且人员和信息及时更新，毫不落伍。它们策略灵活，完全适应市场需要。在跨国公司越来越多的背景之下，弗阿坚持"小而精"的观点。今天，在马尔凯每100个居民中就拥有一家公司，而且它们中大部分都遵守相同的工作道德规范。

商务会见

小结

    一方面，意大利有世界上最好的商人和世界上最糟糕的繁文缛节。心脏脆弱和有高血压的人不适合在这里生存。

    另一方面，它又是一个令人愉快的地方，各行各业有数不尽的就业机会——像私人医生、牙医、护士、擅长国际法的律师、兽医、水管工人、电工、技师、建筑师、细木工、语言教师、房地产经纪人、销售专家、农民等，不一而足。

    如果你愿意，一个人干吧。不过和当地意大利人合作要好很多，因为你需要友好的帮助，而他了解这个国家，而且知道该如何与地方当局交涉。对来自欧盟成员国以外的人来说，这无疑是最好的策略。

    记住：最重要的是，为自己找一个精明能干的会计师和一位聪明的律师！

第十章

意国掠影

"有了思想才会有行动,事实来源于思想。"

——夏多布里昂

首都

罗马

货币

欧元

注：根据欧洲货币联盟规定，1999年1月1日欧盟各国在使用原本国货币的同时使用欧元。2002年1月1日开始，欧元成为欧盟成员国唯一货币。

政体

共和制

政区

全国分为16个大区（意大利语为regioni，单数为regione）和4个自治区（意大利语为regioni autonome，单数为regione autonoma）：阿布鲁佐、巴西利卡塔、卡拉布里亚、坎帕尼亚、艾米利亚—罗马涅、弗留利—威尼斯朱利亚*、拉齐奥、利古里亚、伦巴第、马尔凯、莫利赛、皮埃蒙特、普利亚、撒丁岛*、西西里、托斯卡纳、特伦蒂诺—上阿迪杰*、翁布里亚、瓦莱达·奥斯塔*、威尼托（带*号的为4个自治区）。

独立日

1861年3月17日意大利王国宣布独立，但直到1870年全国才得以统一。

斗兽场

气候

多数地区为地中海式气候。北部阿尔卑斯山麓为山地气候，南部夏季干热。

面积

总面积：301 230平方公里（116 305.6平方英里）

陆地面积：294 020平方公里（113 521.8平方英里）

水域面积：7 210平方公里（2 783.8平方英里）

注：以上面积包括撒丁岛和西西里岛。

农副产品

水果、蔬菜、葡萄、马铃薯、甜菜、大豆、谷物、橄榄油、牛肉、奶制品、鱼类。

自然资源

煤、水银、锌、碳酸钾、大理石、重晶石、石棉、浮石、荧光石、长石、黄铁矿、天然气、石油、渔业资源以及可耕种的土地。

橄榄油

民族

意大利民族（北部有少数德裔、法裔、斯拉夫裔的意大利人，南部有一些阿尔巴尼亚和希腊裔的后代）。

出口货物

工业产品、纺织品和服装、机械设备、汽车、运输设备、化工材料、食品、饮料、烟草、矿业产品和有色金属产品。

国民生产总值

1.609万亿美元（2004年统计数字）

最高点

库尔玛耶一侧的勃朗峰(海拔4 748米/15 577.4英尺),为勃朗峰的第二高峰。

最低点

地中海(海拔0米)

进口产品

工业制成品、化工产品、交通设备、能源产品、矿产、有色金属、纺织品和服装、食品、饮料和烟草。

互联网域名后缀

.it

语言

官方语言为意大利语。其他一些少数民族如上阿迪杰和南蒂罗尔地区的居民讲德语,在的里雅斯特、戈里齐亚有一部分人讲斯拉夫语,瓦莱达·奥斯塔的少数居民说法语。

平均寿命

全国人口平均寿命：79.68岁。

男性平均寿命：76.75岁。

女性平均寿命：82.81岁。（2005年统计数据）

识字程度

总的来说，15岁及以上的意大利人有读写识字能力。

总人口的98.6%有识字能力。

99%的男性有识字能力。

98.3%的女性有识字能力。（2003年统计数据）

人口

总人口：57 888 245（2003年统计数据）。

总人口：58 103 033（2005年7月统计数据）。

平均年龄：42.3岁（2003年统计数据）。

宗教信仰

罗马天主教占优势地位。基督教新教和犹太教也都有各自的教众。近来因移民增多，信仰伊斯兰教的人数也有增加的趋势。

圣彼得大教堂广场

失业率

8.7%（2003年统计数字）

缩略语和简称

政府及商务类

IVA
增值税
SPA
有限责任公司
SR　　　　　　　　　　有限责任
UE　　　　　　　　　　欧盟
VVUU　　　　　　　　城市警察

都灵骑士雕像

时间类

AA　　　　　　　　　　学年
AC　　　　　　　　　　公元前
CA　　　　　　　　　　今年
CM　　　　　　　　　　本月
Sec　　　　　　　　　　世纪

头衔类

Cav　　　　　　　　　　骑士
Comm　　　　　　　　　司令员
Dr，Dr.ssa　　　　　　　博士/医生
On　　　　　　　　　　荣誉的
Prof，Prof.ssa　　　　　 教授
SS　　　　　　　　　　（对教皇的尊称）陛下
Sen　　　　　　　　　　议员
Sig，Sig.ra　　　　　　　先生/女士
Sig.na　　　　　　　　　小姐/女士

Ecc.	阁下

交通和通信类

FFSS	意大利国家铁路公司
FNSI	意大利国家新闻集团

都灵电视台

附录 FULU

文化知识小测试

下面是几个外国人常会犯错的情景。你会怎么来应对呢?

情景一

在罗马,你意外地遇到了以前认识的一个意大利朋友,他建议你们共进晚餐。他选好餐厅,并帮助不熟悉当地菜肴的你点了菜。到了结账时候,侍者把账单放在了你们两人中间。这时你的朋友仍在滔滔不绝地聊着,一点也没有要付账离开的意思。你该怎么办?

A. 付账。

B. 看看表,说:"非常感谢这顿丰盛的晚餐。"然后离开。

C. 只支付你自己消费的那部分。

D. 说:"咱们 AA 制,各付一半吧。"然后付 50% 的餐费。

评论

D 方案是正确的。因为是你的朋友提出一起吃饭的建议,他应该事先就讲清楚他要尽地主之谊,或者他应该示意侍者把账单拿给他。在意大利,AA 制或"Go Dutch"意味着均摊账单——如果你只付自己消费的那一部分就显得太吝啬了。

情景二

你是一位刚来意大利做管理工作的青年男子。你的部门还有 4 位员工,其

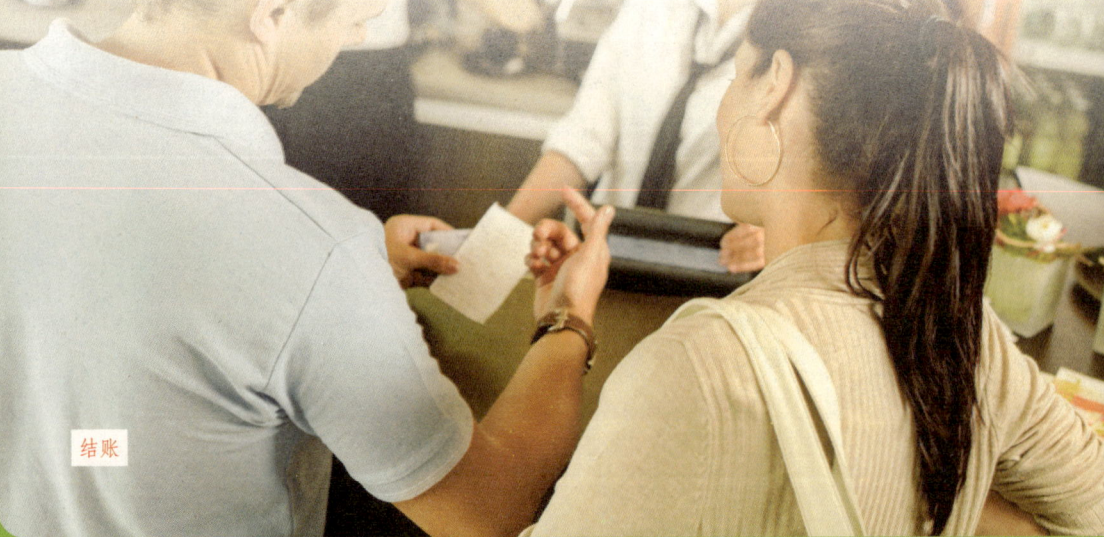

结账

附录

性感女郎

中一位是个爱穿红色超短裙的性感女郎。你听说她还没有男朋友,而她也很开放。

你总觉得她在向你暗示她喜欢你,当然你对她也很感兴趣。你会

 A. 跟她谈起意大利女人有多么性感。
 B. 告诉她,她很性感。
 C. 热烈地赞扬她的衣着和发型。
 D. 告诉她,她的工作做得很好。
 E. 下班后请她喝咖啡或去酒吧,搞清楚到底有没有机会成为她的男朋友。

评论

 E是正确的。在办公室里不应该说那些奉承话。也许她就是个随和开放的人,对谁都是这样的态度,而你却误会了她。找个中性的地方谈谈,也许就能找到问题的答案了。

情景三

你受邀在下午5点钟到一个意大利朋友家做客。现在已经7点钟了,可是大家谈兴正浓,主人留你吃晚饭,恰好你也没什么重要的事。这时你会

 A. 说谢谢并留下来。
 B. 说:"好吧,但我得帮忙准备晚餐。"
 C. 说:"好吧,但明天一定由我来请你们吃饭。"
 D. 说:"好吧,但是请一定答应我将来到我的国家时由我做东。"
 E. 说:"谢谢,但今晚不行。我回国之前再聚吧。"

评论

 E是正确的方法。要是他们真想请你吃饭,会提前通知你,不会临时才提起来。为了打破尴尬的局面,至少他们会说,本来今晚我们要出去,但你来了我们就取消了原计划,所以留下来吃晚饭如何?

餐桌

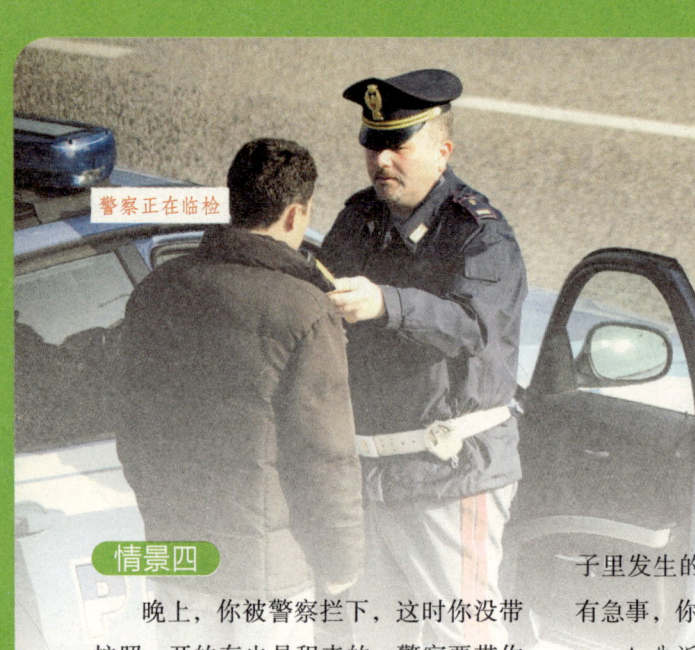

警察正在临检

情景四

晚上,你被警察拦下,这时你没带护照,开的车也是租来的。警察要带你回警局问话,你应该

A. 抗议警察侵犯人权。
B. 提出抗议,并要求去警局之前见自己的律师。
C. 报出自己的姓名和国籍,并解释护照放在酒店,请警察给酒店打电话进行确认或请求回酒店去取护照。
D. 控制情绪,跟警察去警局。

评论

C 是正确的做法。一般来说警察会在确认你的身份后放你走。他们对外国人还比较有礼貌,也有同情心,能理解外国人的处境。请记住,意大利的法律规定警察有权对任何公民,包括外国人,提出出示身份证明的要求。

情景五

你回到意大利,来到自己最喜欢的杂货店买东西。店主恨不得把你走后村子里发生的事一股脑都告诉你。可你还有急事,你只好

A. 告诉他你待会儿再来,然后离开。
B. 自己去拿要买的东西,并把它们都堆在柜台上。
C. 说:"真抱歉,我实在有点急事。"并保证一定会回来听他讲村中逸事。
D. 听他讲,自己的事耽误了也没什么。

评论

C 是正确的。在意大利,人际关系很重要。你可不想让别人以为你对周围的事漠不关心吧。所以你应该有礼貌地坚持让店主快点把你要买的东西包好结账。下次一定找个时间充裕的时候来听老板把村里的新闻讲个够。

情景六

你主持一个 12 人或者更多人参加的会议。会议秩序非常糟糕。大家随便说话、争论,有人甚至吵了起来,根本没

食品店

人遵守会议议程。这时你要

  A. 马上站起来就走。
  B. 忍耐，因为入乡随俗嘛。
  C. 使劲敲桌子，告诉大家要么休会，要么按你的要求做。
  D. 责备不守纪律的人。
  E. 请不守纪律的人离开。
  F. 暂停会议，说明会议的国际化背景，重申会议的纪律要求。

评论

  F是正确的。你本应在会议开始时讲清要求和议程。所以请先道歉，然后重申会议的方针，并在大家的利益都受到尊重的情况下，保证会议顺利进行。

情景七

  你要把在意大利的房子翻修一新。工人们说他们只能告诉你一个大概的价格，因为他们不习惯把每个维修项目都列出来并明码标价。于是你同意付1 000万里拉让他们把房顶重新做一下。可是一个月之后，等你出差回来，发现屋顶修得差强人意，而且开来的账单竟然有2 000万里拉。你会

  A. 付钱。
  B. 讨价还价。
  C. 找律师。
  D. 坚持要开有明细的账单，他们自然会把费用降低。

评论

  D的做法是可取的。这可是你的错，为什么不要求他们提供按照单项分列的费用详单呢？现在很多意大利公司都能提供这样的账单。现在你能做的就是先拿到费用详单，然后找一家有经验的公司帮你查账，并找出维修中不合格的地方。一旦发现漏洞，就可以跟维修公司狠狠地砍价。不到万不得已不要诉诸法律，因为打官司实在是得不偿失。

情景八

  你住在一个朋友家，女主人告诉

家装工人

逛街的女士

你，在家里请自便，想吃东西或想打电话都可以。主人出门的时候，你打了好几通国际长途到新加坡和美国，不过都是在电话的低价位时段打的。现在你要回国了，你会

    A. 告诉主人，像他们跟你说的那样，你用了家里的电话。

    B. 坚持要留下足够支付电话费的钱。

    C. 请他们在拿到账单时告诉你应该付多少钱。

    D. 为打电话这件事送他们一件礼物。

评论

B是正确的。在意大利，电话账单一般不会把每通电话都一一列出来，所以主人没法知道你打的电话到底多少钱。其实你应该打对方付费的电话或者不收费的电话。主人说你可以随便用电话，一般是指打本地电话，而不是说你可以随便打长途电话，除非有紧急情况你才能打长途电话。

行为准则

意大利人一般能理解外国人不懂当地的风俗习惯，但他们更欣赏尊重和愿意学习当地风俗习惯的外国人。黄金法则是有礼貌地询问，微笑着道歉，并且要让你的意大利朋友知道在你的国家碰到相同的情形你们是怎么做的（但千万不要暗示你的做法比他的好）。下面就是与意大利人交往时应该和不应该做的事。

正确的行为

- 去参加聚会之前，事先告诉主人你有什么忌口的食物（说你对某种食物过敏是个最好的托词，别人也不会非要问你为什么）。
- 吃饭时坐直身体，双肘靠近自己的身体，前臂放在桌子上。
- 用餐具把食物送到口中（而不是用嘴去够盘子里的食物）。
- 要小口小口地咬。餐巾只能擦嘴。喝酒之前要把嘴擦干净。主人说"Buon appetito"（祝你好胃口）时，

鲜花

要回敬"Grazie Altrettanto"（也祝您好胃口）。
- 对食物和酒进行适当的评价。赞扬准备食物的人。
- 与人打招呼时说"buongiorno"（早上好）、"buonasera"（中午好或晚上好），要微笑并与对方有目光接触。握手时级别高或年长的人先伸手。握手要有力，但不能使劲攥住对方的手不放。
- 要把年轻的或者级别低的介绍给年长的或级别高的。
- 如果是正式宴请，为向主人致谢，可以送一束鲜花，并附上一张便条，写上"Grazie per la magnifica serata"（感谢您的招待）。或送上一瓶与宴会水准相当的酒，附上的便条就写"Per la vostra cantina"（请于酒窖中收藏）。
- 多印几种名片。有的名片上只要印上名字就够了，在你不需要也不想炫耀自己的地位或官衔的时候可以派上用场。
- 送别人回家时，事先问一下年纪大的或者比较重要的人物愿意坐在车里的哪个位置。先在他们上车时帮个忙，然后自己再上车。不要让别人帮你开、关车门。
- 去接人的时候，在车外等候。把朋友送到目的地后要下车道别。如果交通情况不允许，就一定要先道歉，然后道别。
- 坐车时要把车票放在容易找到的地方，以便接受检查。
- 给老、幼、病、残、孕乘客让座。但如果他们不想坐，就不要再坚持。也不要指责其他没有让座的乘客。
- 参加会议、庆典和看秀或在教堂里要关掉手机。只要你接电话会影响到别人时，就应该这样做。打电话时，要问问对方是否方便接电话，或对方是不是在外地（因为他接电话可能还要付费）。

不正确的行为

- 吃东西时不要说话或张嘴，如果这时有人跟你说话，一定要把嘴里的东西咽下去再说话。

小礼品

- 不要使劲去够远处的食物和饮料。应该说:"请把水递给我可以吗?"
- 等到所有人坐定、主人开始用餐时才开始用餐。
- 即使菜汁再好吃也不要用面包抹盘子,也不要用叉子把菜汁送到嘴里。
- 打招呼时握手不要太用力,也不要用力拍打或亲吻对方。
- 除非你跟某位女士关系非常密切,否则不要送红玫瑰。
- 参加聚会时,如果你带了礼物,不要把你的名片附在礼物上。
- 向人道贺或安慰别人不要滔滔不绝。表示祝贺可以说"Congratulazioni vivissime per la tua laurea"(祝贺你学业有成),或者可以说"Augurie felicitazioni per il nuovo nato/la nuova nata"(祝贺你们的小宝宝出世)。安慰别人时可以说"Le piu sentite condoglianze per il lutto che vi colpisce"(没想到会发生这样的事,请节哀顺变)。
- 不要在公众场合马上打开礼物或评论礼物,比如说这礼物很合你的口味、你正好没有这东西,等等。

不要这样说

- 不要说:"别人议论你时,我可总是站在你这边啊。"
- 不要说:"卡罗尔,这是你未婚夫还是普通朋友?"
- 不要说:"昨晚你丈夫车里坐的那个金发美女是谁啊?"
- 不要说:"这顶帽子比你婚礼上戴的那顶强多了。"
- 不要说:"上个月罗斯博士为什么不请你去参加他的聚会?"
- 不要说:"快把你常讲的那个笑话再给我们讲一遍。"
- 不要说:"我记得见过你,可又实在想不起你的名字了。"也不应该说:"你是马力奥还是亚历山大?"
- 不要说:"星期五一定要过来吃晚饭啊。要不然我们就只有13个人了,那就太不吉利了。"
- 不要说:"你新染了头发吧?看起来年轻了20岁啊。"
- 不要说:"照片里的你真年轻啊。"
- 不要说:"听说你的官司打输了,没关系,下次你一定会赢的。"
- 不要说:"听说你出车祸了,不过要是跟我遇到的那次车祸比起来可差

时尚女士

远了。"
- 不要说:"你听说我们在联赛中得了第一名了吧,比赛的时候你在哪儿?"

词汇表

标志

货币兑换店

膳宿
出租	Affittasi
没有空房	Completo
酒店 / 旅舍	Albergo/Osteria
公寓	Appartamento

机场
抵达 / 离港	Arrivi/Partenze
行李	Deposito bagagli
海关	Dogana

银行
银行 / 储蓄	Banca/Cassa di risparmio
货币兑换	Cambio

商场和餐馆
营业 / 休息	Aperto/Chiuso
信息咨询	Informazioni
卫生间	Toilette(also bagno, ritirata)
已预订	Riservato
禁止吸烟	Vietato fumare
请勿触摸	Vietato toccare
家常菜	Trattoria
餐厅 / 食堂	Osteria

门上标志
无人 / 有人	Libero/Occupato
入口 / 出口	Entrata/Uscita
紧急出口	Uscita di sicurezza
推 / 拉	Spingere/Tirare

篱笆或墙上标志
小心恶犬	Attenti al cane
请勿入内	Divieto di accesso
不准游泳	Divieto di balneazione
不准穿行	Limite invalicabile
私人宅邸	Proprieta privata

交通标志
停 / 慢	Alt/Rallentare
环路	Circonvallazione
紧急停车带	Corsia di emergenza
前方弯路	Deviazione
不准泊车	Divieto di sosta
前方施工	Lavori in corso

人行道标志

地铁	Metropolitana
铁路道口	Passaggio a livello
危险	Pericolo
单行道	Senso unico
人行道	Zona pedonale

商店和服务设施

运动产品及运动器械	Articoli sportivi
鞋店	Calzature
百货店	Emporio
药店	Farmacia
洗印店	Fotografia
冰激凌店	Gelateria
珠宝店	Gioielleria
书店	Libreria
眼镜店	Ottica
三明治/咖啡馆	Paninoteca
发廊	Parrucchiere（barbiere是男士的理发馆）
餐馆	Ristorante
烟草店/邮票代售点	Tabacchi
报刊亭	Edicola

信息资源指南

到意大利之前，请访问以下网站：http：//www.altavista.it、http：//www.arianna.it、http：//www.virgilio.it 和http：//www.yahoo.it。还有一个有用的网址是：http：//www.guide.supereva.it。到意

报摊

附录

大利之后，黄页电话簿是个好帮手。拨通892-424，然后选择说英语的接线员即可。也可以访问他们的网站：http://www.paginegialle.it。另外印刷版的黄页电话簿也很容易买到。

在这里感谢亚历山德罗·科斯博士和基安卢卡·玛祖奇为本书提供了以下网站地址和资讯。

紧急情况和保健机构

紧急电话
报警：113
武警：112
火警：115
救护车：118
以上电话全国通用，均不收费。

医院
医院的电话都能在当地电话簿中的"Azienda Ospedaliera"这一栏中找到。"Clinica e Clinica Veterinaria"一栏中列出的是私人诊所和宠物医院。

医疗设施
电话簿中"Medici"项下会列出当地的全科医生（medici generici）和专科医生（specialisti）。这个网站http://www.ospedale.net中有各个公立和私立医院的列表。卫生部的网站http://www.sanita.it也可以查到很多信息。

牙科诊所
医院一般都有口腔科（Clinica Odontoiatrica）。但多数意大利人到私人牙医处就诊。电话簿中"Dentisti and Odontoiatri"一栏里都是牙科诊所。

失物招领

多数城市都有失物招领处（Ufficio Oggetti Smarriti），也可以到警察局或火车站碰碰运气。如果你丢失的是身份证、护照、文件或有价值的东西，必须到警察局填一份表格，然后警察才会协助你找回失物。

SOS 电话

残障人设施

有很多志愿服务组织为残障人提供帮助，各城市设有专门的残疾人协会。政府中的社会事务和社会团结部专门负责管理残障人的事务。

残障人设施标志

与家庭及膳宿有关的资讯

住宿

房地产经纪人

房地产经纪人意大利语叫做 Agenzie Immobiliari，他们手上有很多房地产信息，你想要按月租房，或者只租一个星期都没问题。还可以访问 http://www.ecasa.it。

到乡间小住

现在到小镇、农场、乡间和酒庄小住几天越来越流行。这些地方都提供短期膳宿服务，收取的费用并不太多。不过要先查查当地的交通情况（比如酒店的班车、公共汽车、到附近城市或机场的出租车费用等）。

酒店

酒店通过定期检查评定星级。豪华（Lusso）酒店不在评级之列。一星或两星级的叫做旅馆（Albergo）、家庭旅店（Pensione）或乡间旅舍（Locanda）。但是名字有时并不能代表真实的服务水平，所以一定要先用黄页电话簿查查价格和设施。

可以从黄页电话簿或导游书中寻找省钱的旅馆。青年招待所（Ostelli della Gioventu）其实就很不错。为朝圣者提供的宿舍（Casa del Pellegrino）或者修道院都能满足基本的住宿要求。但要注意你得能适应周围的环境，而且必须遵守那里的规章制度，比如开门和熄灯的时间等。有一些旅馆（比如 Locande 和 Pensioni）为租住一个星期或一个月以上的游客提供优惠房价。还有一些公寓标明"有房出租"（Affittacamere）或"有简单装修住房出租"（Camere ammobiliate），这些地方价格都不会太离谱。

儿童托管

黄页电话簿上面有保姆和托儿所或幼儿园的信息。托儿所或幼儿园有公立和私立之分，都可以接收和代管幼儿。但事先要弄清接送时间、饮食质量、活动安排、看护情况、纪律要求等，还要让老师和孩子有充分的沟通后再决定是否入园。

学校

义务教育包括五年小学、三年初中和四年到五年的高中。初中阶段，传统学科包括人文、历史、哲学的学习，数学、科学类课程和语言类课程的学习等。从商业学院（Istituto Tecnico Commerciale）毕业可以拿到会计文凭，从工学院（Istituto Tecnico Agrario）毕业可以得到土地勘测员的文凭，从地质建筑学院（Istituto Tecnico per Geometri）毕业可以拿到待售房屋鉴定人的文凭。

除大学以外所有的学校由教育部门（Ministero per la Pubblica Istruzione）管辖。有专门的大学教育部（Ministero per l'Universita）管理意大利的大学。有关更多的教育信息请登录 http：//www.it-e-loft.com。还有大学生在线杂志 http：//www.campusweb.it。另外意大利学生还经常上这个网站 http：//www.bakeka.web.com 去登广告或交换信息。

主持家务
女佣

家政公司（Agenzie di Lavoro temporaneo）一般会帮你找到钟点工或者女佣。还可以咨询当地官方的劳动力市场（Ufficio del Lavoro）。但传统上请女佣是要靠邻里之间互相介绍的，而且好的佣人最后都成了家庭一员。别忘了向你的经济师咨询与合同细节、薪水待遇等有关的法律。

学生和教师

洗衣

黄页电话簿上"Lavanderie"项下可以找到自助洗衣店的电话,"acqua e a secco"项下有自助洗衣店和干洗店的电话。

其他服务

房子里的设施要维修,最好找房东帮你。要不然,电工(elettricisti)、水暖工(idraulici)等这些修理工就像神经外科医生一样,可一点儿都不好找。在黄页电话簿里要找可以随时上门服务的(pronto intervento)那种,通常他们会收取上门服务费、工时费和材料费。

理财

银行

在银行可以开立欧元或其他货币户头。一欧元约相当于1936.27里拉,或1.3美元(按照欧元刚开始发行时的牌价)。最好选一家跟你在国内用的那家银行有业务往来的意大利银行,或者选在你的国家有分支机构的意大利银行。要汇款给别人或用你的账户接受汇款,你需要填写户口名称、收款银行详细地址、户口号码以及 ABI 号码和 CAM 号码。

较大的银行有:San Paolo di Torino、Monte dei Paschi di Siena、Banca Commerciale Italiana、Banca Nazionale del Lavoro、Banca di Roma和Banco di Napoli等,这些银行在国外一般都有分支机构。还有一些银行,如Banca Popolare、Cassa di Risparmio、Banca di Credito Cooperativo等一般只接受小额存款或贷款。另外,一些国际性的大银行在意大利也都有自己的分支机构。以下是一些有用的网址:

- http://www.quotidiano.monrif.net/canali
  经济新闻网站
- http://www.wat.ch/termFinance/it
  商务金融意大利语词典
- http://www.bancaditalia.it
  中央银行网站
- http://www.borsaitalia.it
  意大利股市行情
- http://www.e-basta.it
  新经济评论网站
- http://www.re-mida.com
  金融研究引擎
- http://www.uic.it
  官方汇率网站

保险公司

来意大利之前应该上一份医疗保险。

欧元

如有其他保险需求，可以联系你的保险公司，看看它在意大利是否有分支机构，或与哪家意大利保险公司有合作关系，如果有的话，就容易多了。

意大利最大的保险公司是Assicurazioni Generali，全国都有办事处。其他还有像Alleanza、RAS、La Fondiaria、Cattolica Assicurazioni、INA Assitalia、Lloyd Adriatico和Unipol Assicurazioni等几家大一些的保险公司。以下是两个有用的网址：

- http：//www.guide.supereva.it/assicurazioni
  内有国内各保险公司的信息。
- http：//www.myinsurance.monrif.net
  大型保险公司险种信息。

贷款

可以向你开立户头的银行咨询。一般来说，大多数银行放贷时都需要担保人或者质押物。记住，老话说得好，银行只借钱给已经有钱的人。

税收和法律咨询

有关税收和法律方面的咨询可以向你们国家的大使馆索要一份律师或税务师名录，也可以访问以下网站：http://www.consuline.it。关于生活或工作在意大利的外国人应交的税种和税率，有些国家与意大利在这方面签署过协议，你可以到这两个网站上找找相关内容：http://

保单

www.vea.net 和 http：//www.tributaristi-int.it。

娱乐和休闲

书店和图书馆

- http：//www.aib.it
  个人著作相关信息。
- http：//www.alice.it
  所有有关出版业的信息。
- http：//www.internetbookshop.it
  最大的网上书店，有将近250 000本图书。

影剧院

- http：//www.trovacinema.it
  各个城市院线介绍。
- http：//www.cinemabaroni.com
  收藏有近25 000张电影海报。

文化和社会机构

意大利的文化和社会机构不胜枚举，在黄页电话簿的 Associazioni artistiche 和 Culturali e ricreative 这两个类别中都可以找到。另外，Accademie 一栏中不仅列出了有古老历史的知名大学，也有新成立的一些文教机构，如 Accademia Italiana della Cucina 就是一个非赢利的以推广意大利美食为目标的文化机构。

健身设施和体育场馆

查阅黄页电话簿的"Palestre、Fisiokinesiterapia"和"Impanti sportivi"栏目都可找到有关健身和体育场馆的信息。别忘了查查"Terme"这一栏里离你最近的温泉浴场，从罗马帝国时期开始，意大利的温泉浴就很有名了。

博物馆和画廊

你可以登录 http：//www.museionline.com 这个网站查询所有意大利博物馆和画廊的地址和分类。黄页电话簿中的"Gallerie d'Arte"指收藏现代艺术品的博物馆，"Antiquari"一栏中的博物馆和画廊收藏古代艺术品。如果你要购买艺术品，一定要先搞清它是否属于国家保护的艺术品，没有艺术品鉴定委员会的批准，国家保护的珍贵艺术品是不能买卖和出口到外国的。

夜生活

夜总会、酒吧和歌舞厅等信息在黄页电话簿"Discoteche 或 locali notturni"项下。另外，还有些网站可以找到有关内容：

- http：//www.salsa.gensoft.it
  拉丁舞蹈、夜总会、舞蹈课程等。
- http：//www.localionline.it
  与夜生活有关的新闻、信息。
- http：//www.discotequeonline.it
  迪斯科舞厅、著名主持人、音乐会、游乐会信息。
- http：//www.discovillage.com
  各地与夜生活有关的新闻、信息。
- http：//www.romadinotte.com
  罗马的夜生活新闻、信息。

餐馆和咖啡馆

黄页电话簿中"Ristoranti、Pizzerie、Trattorie、Birrerie e Pub"和"Bar e Caffe"这些栏目都是与餐饮有关的信息。http：//www.acena.it 也是个有用的网站，分城市

健身器材

介绍饕餮之所。

购物

意大利一向有"购物者天堂"的美誉。几乎每个城市都有一条主要街道专门销售世界知名的品牌，另外还有几个区域专门销售平价货物和高档品牌的折扣货品。一般超市都在城市周边，周末还有露天市场。这方面的网站有 http://www.rinascenteshopping.com。网上购物的网站有 http://www.commercenet.it、http://www.italiashop.com 和 http://www.spaziomercato.com 等。

交通和通信

电话区号和话务服务

电话簿上都可以查到各地的区号。即使打当地的电话，也要加拨区号。以下是一些话务服务号码：

- 查号台（查电话号码）12
- 查号台（查名字和地址）1412
- 国际查号台 176
- 有接线员值守的国际电话服务 170
- 紧急情况 197
- 报时台 161
- 自动叫醒服务 114

网络链接和网吧

在黄页电话簿分类中，"Internet e servizi vari di informazione e intrattenimento"这一项是关于网络链接和与网络有关的信息

刚购物完的女士

及娱乐服务的。你还可以找当地的意大利朋友问问社区附近有没有新开的网吧。

邮局

几乎社区附近都有邮局。官方网站是 http://posteitaliane.it。

交通
公共汽车

城市内部和城市之间都有不同公司经营的很多条线路。人们习惯地把城市里的公共汽车叫做"tram"。如果你常坐公共汽车，可以买周票或月票（abbonamento）。一般路边卖烟的小店（店门口有"T"的标志）、酒吧或报摊都有车票卖。

有轨电车

火车

火车站意大利语叫做"Stazione Ferroviaria",但人们一般都简称为Stazione,不过要记住汽车站是"Stazione degli autobus",别搞错了。在售票处买完票以后,上车前别忘了在站台上的检票机里检票。要预订车票,可以访问http://www.fs-on-line.it。新开通的欧洲特快可以通达意大利各大城市。

出租车

各个城市都有出租车服务电话,只要你告诉接线员你的具体位置,例如你在哪一条街(如果你不知道街名,告诉她/他你附近的房子或商场,并站在那里等),接线员会告诉你去接你的车的车牌号。意大利的出租司机不佩戴胸卡,但每辆出租车都有号码和计价器。如果你的路程较远,比如从机场到市区,一定要搞清楚收费标准。

媒体

- http://www.fnsi.it

意大利最大的报业联盟FNSI的网站。意大利所有的报纸、杂志、广播电台的资讯都可以在这个网站里找到。

- http://www.mediaset.it

贝卢斯科尼集团下属Mediaset公司的网站,该公司有3家电视台:Rete电视4台、电视5台和Italia电视1台。

- http://www.rai.it

意大利国家电台RAI的网站。它所管辖的电视台有RaiUno、RaiDue和RaiTre,另外还有教育电视台和电台,播放文化教育等节目。

- http://www.windpress.com

报纸、杂志、语言学校等信息。

语言学校

来意大利之前,可以先在当地的Istituto Italiano di Cultura(意大利文化学院)参加一些语言课程的学习。这是由意大利外交部主办的文化交流项目,已在61个国家建立了90多所旨在传播意大利文化、教授意大利语的意大利文化学院,它们的语言课程质量很高,学费却很低廉。

如果当地没有意大利文化学院,你还可以到大学里的外语系如拉丁语系或其他语言学校学习。

正在上课的教师

意大利的语言学校

以下是两所专门录取外国人的大学,它们都有不同级别的语言和文化课程,学生从这里毕业后还可以拿到意大利语教师资格的文凭。

- Universita per Stranieri di Siena

  地址:Via Pantaneto

  45-Siena 53100

  电话:(0577)240111

  网址:http://www.unistrasi.it

- Universita per Stranieri di Perugia

  地址:Piazza Fortebraccio

  4-Perugia 06100

  电话:(0577)732236

  网址:http://www.unistrapg.it

除了专门的外国人大学,很多大学也都有语言中心,定期开设语言课程。另外,你还可以上私立的语言学校。

宗教和社会工作

宗教机构

罗马教廷是完全独立的,它有自己的法律、外交和社会制度。黄页电话簿中有专门的一栏叫做"Citta del Vaticano",都是与梵蒂冈有关的信息。在意大利,天主教根据城市或者地理位置的不同划分为不同的教区,由教区教士管理。几个教区组成一个主教教区,由主教或大主教管理。黄页电话簿中"chiese"表示教堂。另外,除天主教之外的其他宗教的信息可以在"Chiese e centri di altri culti religiosi"和"religioni varie"栏目中找到。

传道和慈善机构

天主教会主办了很多的传道服务或慈善机构,如"明爱会"等。这些机构的信息都可以在黄页电话簿中教会传道和慈善机构一栏中找到,意大利语是"Uffici ecclesiastici ed enti religiosi"。其他的志愿服务和慈善组织可以在"Associazioni di volontariato e di solidarieta"这一栏中查询。

旅游资讯

电压

意大利使用的电压是220伏,如果

插座

你带来的剃须刀等小家电是美国或英国制式的,你就要买个转换插头备用。一般来说酒店不提供转换插头,你得到五金电器商店去买才行,这种商店意大利语叫做"elettrodomestici shop"。所以,最好你能在来意大利之前在国内买一个转换插头,或者干脆就买能用电池的电器。

各地统计数据

意大利国家统计局(Istituto Centrale di Statistica)每年都要发布最新的统计数据,汇编成册,意大利语叫做"Annuario ISTAT"。这本书在大城市的书店或图书馆都能找到。

使领馆信息

几乎所有的国家都与意大利建立了外交关系,各国一般都在罗马设立自己的使馆,意大利也相应地在各国首都建立使馆。来意大利之前,请详细查阅本国使领馆和驻外机构(包括文化交流机构和大学交换项目等)的信息。

旅游管理信息及网址

意大利旅游局(Ente Nazionale Italiano per il Turismo,简称Enit)主管全国旅游事务,并负责向世界各国推介意大利的旅游资源。意大利旅游集团(Compagnia Italiana Turismo,简称CIT)是最大的一家经营国际、国内业务的旅行社。

各城市都设有行政部门(Azienda Promozione Turistica,简称 APT),负责旅游管理和推广。旅游区内还有酒店预订中心和游客信息中心,由各个政府部门分管。

比较有用的网址如下:

- http://www.600sec.com
  意大利东北部旅游信息。
- http://www.medivia.it
  坎帕尼亚地区旅游信息。
- http://www.siena.turismo.toscana.it
  锡耶纳旅游管理部门官方搜索引擎。
- http://www.comuni.it
  全国各地旅游管理部门信息。
- http://www.governo.it
  意大利政府官方网站,可查询到各大部委网址,例如,内务部(Ministero

旅游中心标志

西西里岛协和神庙

dell'Interno）的网址为 http://www.citta-dinitalia.it。各地方政府也有自己的官方网站。

与移民和居留有关的问题

据意大利旅游协会（简称 TCI）统计，2003 年共有 8 200 万游客入境，入住酒店共计 3.44 亿人次。每位游客平均入住酒店 4.19 天。

到各地的外国人出入境管理部门即可查询到出入境所需文件和移民居留等问题的信息。

旅行必需的物品和文件

一般来说不需要在来意大利之前注射疫苗，但这要取决于你来自哪个国家，所以在出发之前最好到当地的意大利使馆咨询一下。你需要带上的文件包括护照、药品的处方、在意大利可以使用的健康保险或国家发给你的国际认可的身份证明等。另外，国际驾照和专业资质证明对工作可能有用。如果你正在接受治疗，需要服用某种药物，在意大利旅行期间最好带上足够的药品，否则的话一定要有书写清晰的医生处方。带着孩子旅行，别忘了带上他们最喜欢用的温度计，以备不时之需。还有，有句谚语说得好——穷家富路，出门在外多带点钱总是好的。

度量单位换算

意大利使用公制度量单位，以下是度量单位的换算关系：

长度

1 英寸 =2.54 厘米

1 英尺 =0.305 米

1 码 =0.914 英里

1 英里 =1.609 公里

重量

1 磅 =453.6 克

1 盎司 =28.35 克

体积

1 英制夸脱 =1.14 升

1 美制夸脱 =0.95 升

1 英制加仑 =4.55 升

1 美制加仑 =3.8 升

气温的换算公式

华氏度 = 摄氏度 ×1.8+32

摄氏度 =（华氏度 −32）/1.8

商务机构

意大利各地都有商会,这是各行各业,如工、商、农和手工业(包括小型手工业企业和农村手工业者)的联合组织。有些国家的商会也在意大利设有分支机构。意大利语中较为详细的分类为:Confcommercio 指商业、旅游和服务业商会;Confartigianato 指手工业商会;Confesercenti 主要指百货商场和零售店的商会。一般各个商会都有自己的网站,例如 http://www.plasticaitalia.com 是意大利塑料企业商会网址,链接有大、中、小塑料企业以及私人塑料企业的网址和信息。

志愿服务

你可以向当地使馆或文化处咨询有关志愿服务的具体事宜。一般正式或非正式的志愿者组织都愿意为你提供志愿服务的机会。这些志愿服务项目包括帮助在意大利的同胞,或为国际组织如红十字会或为联合国儿童基金会服务等。总的来说,外国人的组织大都由各国的使领馆、教堂、商会或文化协会主办。另外,如果你早就加入过扶轮社、国际狮子会等社团或组织,可以跟当地的分支机构联系,他们都会非常欢迎你的到来。

更多阅读信息

毫不夸张地说,有关意大利的书籍有成千上万本,我们在这里列出的书目不过九牛一毛,仅仅是在某些方面给大家提供一些帮助而已。

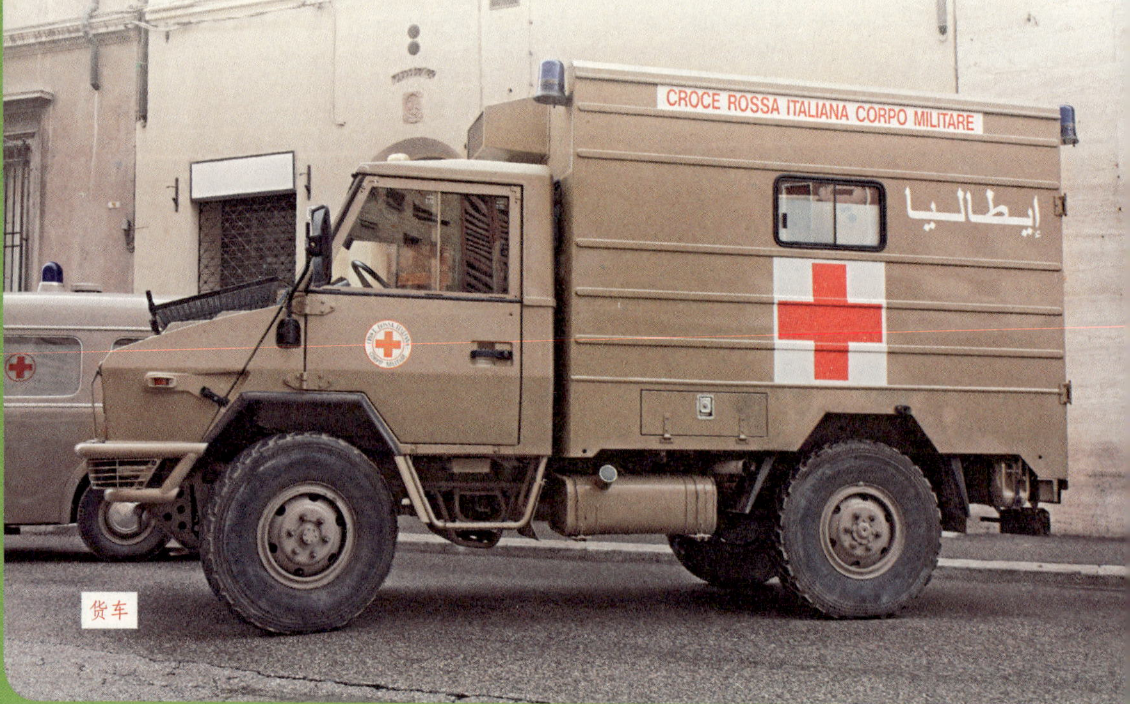

货车

A Concise History of Italy. Peter Gunn. London: Thames and Hudson, 1971.

A History of Contemporary Italy: Society and Politics 1943—1988.Paul Ginsborg. London: Palgrave Macmillan, 2003.

A Traveller in Rome. H V Morton. Cambridge MA, USA: Da Capo Press, 2002.

A Traveller in Italy. H V Morton.（with a new introduction by Barbara Grizzuti Harrison）Cambridge MA, USA: Da Capo Press, 2002.

A Traveller in Southern Italy. H V Morton.London: Methuen Publishing Ltd, 2002（new edition）.

Cadogan Guides: Italy. Dana Facaros and Michael Pauls.London: Globe Pequot Press, 1995.

Chianti, The Land, the People and the Wine. Raymond Flower.London & New York: Christopher Helm Publishing Company, 1989（revised edition）.

Democracy, Italian Style. Joseph LaPalombara.New Haven CT, USA: Yale University Press, 1989（reprint）.

Getting It Right in Italy: A Manual for the 1990s. William Ward.London: Bloomsbury, 1991.

Introduction to Italy. Vernon Bartlett. London: Chatto & Windus, 1967.

History of the Italian People. Giuliano Procacci.London: Penguin Books Ltd, 2004.

Italian Folklore, An Annotated Bibliography. Alessandro Falassi. New York: Garland Publishers, 1985.

Italian Food. Elizabeth David. London: Penguin Books Ltd, 2005.

Italian Labyrinth. John Haycroft. London: Penguin Books Ltd, 1987（new edition）.

Italy, A Modern History. Denis Mach Smith.Ann Arbor MI, USA: University of Michigan Press, 1969（revised edition）.

Live & Work in Italy.（Live and Work series）. Victoria Pybus.Oxford, UK: Vacation Work Publications, 2005.

书籍

Mafia and Clientelism: The Roads to Rome in Post-War Calabria. James Walston. Oxford, UK: Routledge, 1988.

Passion and Defiance, Film in Italy from 1942 to the Present. Mira Liehm. Berkeley CA, USA: University of Califormia Press, 1986 (reprint).

The Civilization of the Renaissance in Italy. Jacob Burckhardt.London: Penguin Classics, 1990.

The Food of Italy. Waverley Root.New York: Vintage, 1992.

The Italian Language Today. Anna-Laura & Guilio Lepschy.New York, USA: New Armsterdam Books, 1990 (2nd edition).

The Italians. Luigi Barzini. London: Penguin Books Ltd, 1991; New York, USA: Touchstone, 1996.

The Italian Story: From the Etruscans to Modern Times. Geoffrey Trease.London: Macmillan, 1963; New York: Vanguard Press, 1964.

The Stones of Florence and Venice Observed. (Penguin Travel Library series). Mary McCarthy.London: Penguin Books Ltd, 2000 (with a new edition released in 2006).

圣彼得广场

英国皇家海军陆战队
授权绝境求生指南

任何紧急情况下、针对所有年龄段
伤病者的全面急救指南

解决所有户外生存难题

《第一次自助游超简单》丛书
不跟团 自由行

☆ 彻底掌握出国要领！
☆ 吃玩买住自己包办！
☆ 畅游世界通通搞定！

☆ 出国步骤全攻略步步简单易学易做
☆ 完美行程大公开，聪明玩家预算表
☆ 分区图解各大景区全导览一次搞定